完全理解 第2版

ゲーム理論・契約理論

Game Theory and Contract Theory

鈴木 豊

勁草書房

第２版への序文

本書の初版の出版直後の2016年10月，オリバー・ハートとベント・ホルムストロムの両教授が，「契約理論への貢献」の業績で，ノーベル経済学賞を受賞されました．とりわけハート教授は，私の二度にわたるハーバード大学での在外研究に際して，受け入れ教官を引き受けてくださったこともあり，お祝いのメールをお送りしたところ，ノーベル賞受賞者の晩餐会が素晴らしかったことなど，ユーモアを交えつつ，丁寧な返信をくださりました．本書のタイトルが『完全理解　ゲーム理論・契約理論』ですので，契約理論を対象として，ノーベル経済学賞が授与されたことは，本書を改訂する機会には，ぜひ追加したいと思っていました（本書 p. 7参照）．2020年度には，「オークション理論への貢献」で，ポール・ミルグロムとロバート・ウィルソンの両教授がノーベル経済学賞を受賞されました．私はスタンフォード大学にも在外研究で１年間お世話になっており，両教授の受賞は私にとっても大変うれしいことです．「オークション理論」は本来，数理的色彩の強い理論ですが，本書は，それを学部生にもアクセスしやすい形で取り扱っています（第７章）．こうした２つの分野の業績を本の記述にも反映させたいということが，第２版出版の動機の一つです．

また一方で，2020年度からは，新型コロナ禍によるオンライン授業の機会が増えてきました．本書は，見開き図解でわかりやすさに配慮した説明が売りであることもあり，Zoomなどのオンライン授業での使用には適していると思います．実際，私は，「情報経済論」という大学の担当講義で，本書をベースに授業を展開し，対面授業と変わらないくらい，あるいは，事前の準備と事後のフォローによっては，それ以上に，学習成果があがったのではないかと思っています．それもあり，勁草書房編集部の宮本さんに，改訂のお願いを打診したところ，第２版という形で応えてくださりました．今回は，特に第 2 章という「入り口」部分の説明をていねいに補強し，オンライン授業等での使用においても，読者に混乱が起きないよう注意しました．2016 年 9 月の出版以来，約 5 年間での使用において気づいた改善点等は，もちろん各所に反映させています．

本書の特色や使い方は初版以来変わっていませんので，**はじめに**，を読んで頂ければ幸いです．今回は，初版よりも，教科書として，自信を持って，世に送りだせると思っています．初版以来，ずっと励ましの言葉をくださり，今回も第 2 版の出版機会を与えてくださった勁草書房の宮本詳三さんに，感謝の意を表したいと思います．

2021 年 6 月 10 日

鈴木　豊

はじめに

「**ゲーム理論**」は，複数のプレイヤー間の相互依存関係が存在する状況を論理的に分析し，各プレイヤーの行動（とりわけ“合理的な”行動）を予測し分析しようとする学問であり，経済学，特にミクロ経済学の分野で威力を発揮してきました。現在では，マクロ経済学，産業組織論，国際貿易論，財政学，金融論など，経済学の多くの分野で強力な分析ツールとして使われているほか，企業組織や多くのビジネスシーンでも，基礎理論として用いられています。お互いの最適な戦略を考慮して，シンプルな論理モデルを構築することが可能な「ゲーム理論」は，たとえば，値引き競争や交渉，企業買収や新規参入阻止などのビジネスシーンに応用されており，企業の組織においても，インセンティブやコミットメントなど，ゲーム理論の考え方が浸透しています。一方，「**契約理論**」は，「ゲーム理論」を基本構造としつつも，「情報の非対称性」や「立証不可能性」に焦点を当て，モラルハザード，アドバースセレクション，不完備契約という3つの枠組みを構築して，大きな発展を遂げてきました。

本書は，こうした「ゲーム理論・契約理論」全体の内容を，**数値例**，**図解**，**最適化**（微分による最適化条件の導出）という**アクセスしやすい分析手法**を使って，初歩からかなり程度の高い内容まで，読者が**完全に理解する**ことを目指した教科書です。

私は，1996年以来，約20年間，法政大学で経済学部の1年次から4年次対象に「ゲーム理論」や「契約理論」関連の授業を担当し，また，経済学研究科修士課程でも同様の授業を担当してきました。その間，ハーバード大学やスタンフォード大学での計3年間の在外研究も経験しました。本書には，そうした長年の授業やゼミでの講義内容を基本としつつ，在外研究で得た先端的知識もできるだけ盛り込みました。特に，第9章から第11章にかけての「契約理論」では，2014年度ノーベル経済学賞受賞のティロールの「規制モデル」もわかりやすく解説し，「不完備契約」の理論では，Grossman=Hart=Mooreの財産権アプローチやAghion=Tiroleの権限モデルも丁寧に解説しました。第12章では，進化的ゲーム理論の話や，マッチングとマーケットデザインにおけるDeferred Acceptance（DA）メカニズム（2012年度ノーベル経済学賞のトピック）の解説を入れるなど，ゲーム理論・契約理論の基礎的な解説はほぼすべて盛り込んだつもりです。

以上の内容を持った本書の最大の**特徴**（であり**セールスポイント**）は，見開きの形で，各回の話の要点をズバリ解説した「**図解講義の形式**」をとった点です。そして，**数値例**，**図解**，**最適化**（微分による最適化条件の導出）という**一貫した分析手法**で全体の内容を解説したので，読者もきっと**アクセスしやすい**はずです。

本書の想定する主な読者層は，大学の1年生～4年生，特に，**2年～3年次のコアの標準的学生**ですが，本書の内容の多くが数値例を使ったズバリ図解で，応用例も豊富であり，また全体の内容が網羅的ですので，**社会人**や**修士課程**の学生にも十分アピールすると思います。

本書の使い方は，（これに限られるわけではありませんが）次のとおりです。本書の**数値例**と**図解**を用いた箇所のみで，**ゲーム理論・契約理論の全体を通して**，かなりの内容まで理解することができますので，これは，経済学を学ぶ1，2年生や他分野の学生，社会人などにおススメの使い方です。さらに，**最適化（微分による最適化条件**の導出）を使った**モデル分析**の箇所も学習することにより，より一層，ゲーム理論・契約理論への理解が深まると思います。具体的には，最適化条件の導出，最適反応関数の導出と解（クールノー競争，シュタッケルベルクモデル），契約理論のトーナメント理論やスクリーニングモデル，Aghion=Tirole（1997）の権限モデルなどの修得を通じて，ゲーム理論や契約理論を用いたモデル分析の幅が，格段に広がるでしょう。大学の2～3，4年生で，よりしっかりとゲーム理論・契約理論を理解したい学生の方（社会人修士の方，他分野の方も含む）は，この部分まできちんと学習する必要があります。

もうひとつの使い方は，本書を「**教育カリキュラム**」に見立て，第2章から第5章までの「**ゲーム理論**」の部分を「**必修**」とし（場合によっては，第5章の不完備情報ゲームは，選択必修と考えてもよいかもしれません），その基礎の上で，第9～11章の「**契約理論**」（その前提としての第8章不確実性と情報の経済学も含む）を「**主専攻分野**」として学習するというものです。すなわち，第2章から第5章までのゲーム理論を基礎とし，その積み上げ部分として，契約理論（第9～11章）を主専攻分野，交渉（第6章）やオークション（第7章）を副専攻分野と考える，というものです。私自身の専攻もそのようになっていますので，ひとつの「**履修モデル**」といえるのではないか，と思います。

これまで「ゲーム理論」について，経済学への大きな貢献，さまざまなビジネスシーンでも注目，という2つの側面を述べましたが，それに加えて，第3の側面があります。すなわち，個々のプレイヤーの自由な選択のなかで，社会的な協調行動を実現するにはどうしたらよいのか，についての合理的な指針を与えてくれるのも，ゲーム理論の重要な側面だということです。たとえば，共有資源管理の問題に見るように，選択の自由のなかで，安易に自己利益追求行動（過剰な搾取）をとることなく，社会的な協調行動（適切な資源管理）を実現するにはどうすべきなのか。ゲーム理論はこうした問題の本質を整理し，**文脈における倫理的な協調行動を実現させる仕組み**への合理的な説明を与えてくれます。日本社会における協調の文化（協調的行動）も，グローバル経済での激しい競争と切り離しては考えられませんが，こうした関わりのなかで，個人や企業が適切な戦略を選んでいく上でもゲーム理論的思考は役立つと思います。本書は，「教科書」ではありますが，トピックの選択や説明などを通じて，こうした**メッセージ性**も伝わるよう配慮したつもりです。

最後に，勁草書房の宮本詳三氏は，本書の企画以来，何度も全体を丁寧に読み，改善へ向けた多くの示唆をくださりました。心より感謝申し上げたいと思います。

2016年7月24日

鈴木　豊

完全理解　ゲーム理論・契約理論

目　次

コラム

第 1 章

ゲーム理論とは

ゲーム的状況は身近にあふれている

私たちの身近な状況を分析できるゲーム理論とは

ゲーム理論における**ゲーム**とは，将棋やオセロ，テレビゲームのような遊びだけを指すのではありません。デートの主導権争いからオークション，政府の規制政策，企業同士の買収劇まで，他者との**相互依存関係**の中で利益のやりとりが行われる状況をゲームと呼んでいます。

私たちは普段から，家庭・学校・仕事など，あらゆる場面で他者と利益を分かち合っています。お土産の分け方，当番の決め方，仕事の割り振りなどにおいて，誰がどのようにしてどのくらい得をするのか，相手はどんな行動をとるのか，それに対して自分の最善な選択は何なのか。また，共有資源の問題に見るように，選択の自由の中で，安易に自己利益追求行動（過剰な搾取）をとることなく，社会的な協調行動（適切な資源管理）を実現するにはどうすべきなのか。多様な問題の本質を整理し，合理的な指針を与えてくれるのがゲーム理論なのです。

現在，ゲーム理論が多くの学問やビジネスの基礎理論として広く用いられているのは，「ゲーム」という生きる上で避けられないテーマについてのシンプルな理論であるがゆえに，個人から組織同士のやりとりまで幅広く応用できるからなのです。

ゲームとゲーム理論

ゲームとは：ゲーム的状況の例

●将棋やスポーツ：数手先を読みながら自分の打つ手を考える。
ピッチャーは，次はカーブで来るか，直球で来るか？
●当番の決め方：今週は私が掃除当番になるから，来週はあなたがしてね。
（早めに言った方が勝ちね。）
●価格交渉：このソフトは100万円です。わが社の予算上，もう少し下げてください。うーん，では，80万円でどうですか？
●価格競争：居酒屋同士が値下げ競争しているね。
●政府の規制：（非原発のため太陽光発電を普及させたいので）○年までは，民間の太陽光発電設備設置の税制補助をします。
●企業経営：現経営陣とモノ言う株主の間の企業経営権を巡る委任争奪戦（プロキシー・ファイト）
●オークション（入札）：プロ野球の有名FA選手を巡って，米国球団が入札競争。最高額を提示した球団が，独占的交渉権。
etc…

ゲーム ＝ 複数の人々（組織）の相互依存関係において，利益（損失）のやりとりが行われる状況。複数の人々（企業，組織）がお互いに影響を及ぼし合い，戦略的な相互依存関係にある状況。

ゲーム理論の役割

ゲーム理論　シンプルな論理で，合理的に状況を整理し，最適な選択をする道具になる！

3つの要素に分けて考える

ゲーム理論の3つの要素
プレイヤー・戦略・利得

ゲーム理論は，ゲームを**プレイヤー**（主体），**戦略**（行動計画），**利得**《りとく》（利益）の3つの要素に分けて考えます。

プレイヤー（主体）は，利害関係のあるゲームにおいて主体的に行動する参加者のことです。個人はもちろん，経営戦略であれば会社，外交交渉であれば国家がプレイヤーとなります。（株式市場での多数の投資家による投資行動など，）多数の人数によるゲームも可能ですが，本書では，ゲーム的状況の本質である相互依存関係を簡単に理解するために，2者間でのゲームを主に扱います。

戦略（行動計画）は，プレイヤーが選択する行動計画や意思決定のことです。相手がどう行動するか，それに対して自分がどう行動するべきかを計画・決定します。

利得は，戦略の選択の結果，各プレイヤーが得るものを数値で表したものです。単純にお金（企業の純利益など）の場合もあれば，野球などの勝ち負けのスコアや，心理的な満足・不満足を数値化したもの，国益，確率を含めた**期待利得**（利得の期待値，pp. 59，187 参照）などの場合もあります。

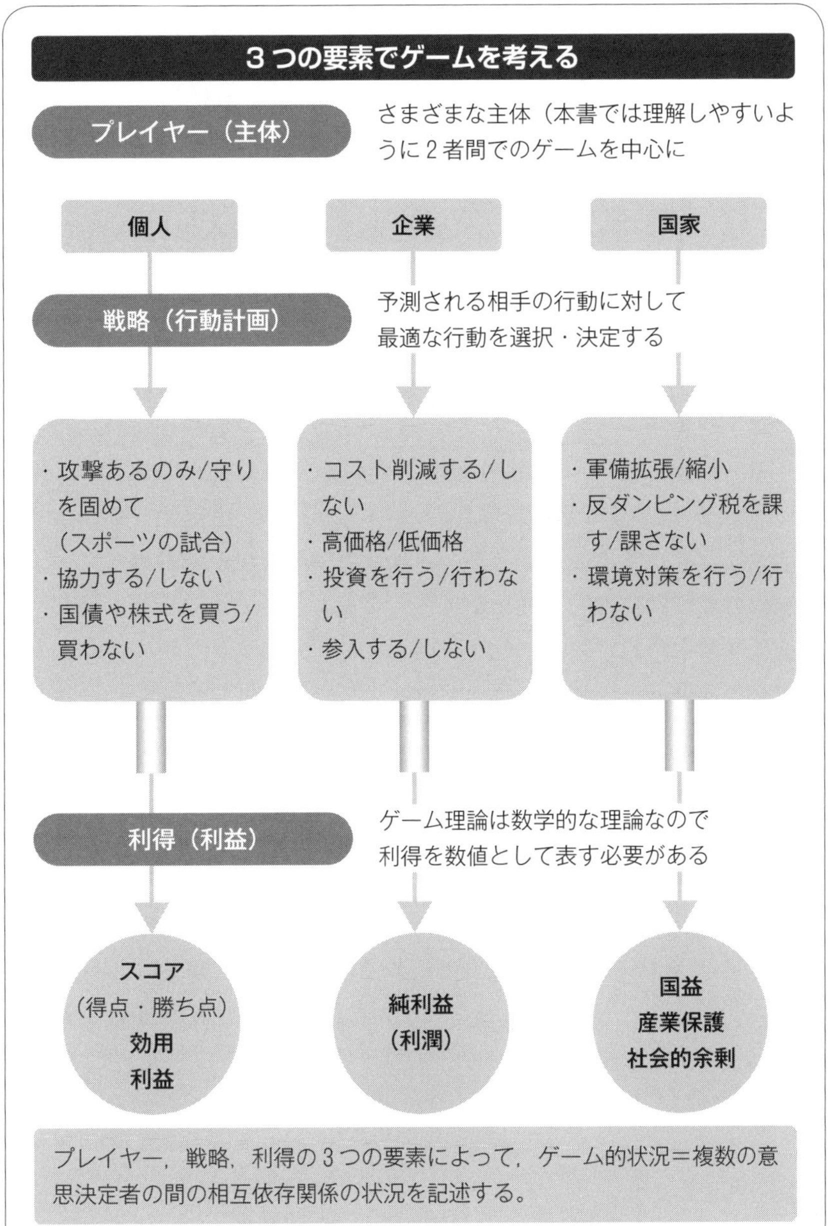
3 つの要素でゲームを考える
プレイヤー（主体）
さまざまな主体（本書では理解しやすいように 2 者間でのゲームを中心に
個人
企業
国家
戦略（行動計画）
予測される相手の行動に対して最適な行動を選択・決定する
・攻撃あるのみ/守りを固めて（スポーツの試合）
・協力する/しない
・国債や株式を買う/買わない
・コスト削減する/しない
・高価格/低価格
・投資を行う/行わない
・参入する/しない
・軍備拡張/縮小
・反ダンピング税を課す/課さない
・環境対策を行う/行わない
利得（利益）
ゲーム理論は数学的な理論なので利得を数値として表す必要がある
スコア
（得点・勝ち点）
効用
利益
純利益
（利潤）
国益
産業保護
社会的余剰
プレイヤー，戦略，利得の 3 つの要素によって，ゲーム的状況＝複数の意思決定者の間の相互依存関係の状況を記述する。

ノーベル経済学賞などの大きな功績

数学から始まったゲーム理論の学問における大きな影響

1944年，コンピューターの父として知られる天才数学者**フォン・ノイマン**と経済学者**モルゲンシュテルン**の共著**『ゲーム理論と経済行動』**からゲーム理論は始まります。その後，1950年代に，ジョン・F・ナッシュが新しい均衡概念（「ナッシュ均衡」）を提示し，**非協力ゲームの理論**が始まります。ナッシュ，ゼルテンそしてハーサニの3人が，非協力ゲーム（p. 14参照）の基礎となる分析枠組みと均衡概念を確立した後，1980年代から，経済学，経営学，政治学，法学，社会学，情報科学，生物学などさまざまな分野でゲーム理論の応用研究が進みます。

利得のために合理的に戦略を考えるゲーム理論の論理モデルは，生物の進化や繁栄における基本的な行動パターンでもあり，どの分野においても需要があったのです。特に経済学の分野で大きな貢献をし，右表のとおり，上記の3人は1994年にノーベル経済学賞を受賞します。その後も，ゲーム理論やその関連分野でノーベル経済学賞を受賞した学者が多く出ており，たとえば，2007年に表彰された**メカニズムデザイン**という概念も，ゲーム理論におけるゲームの設計についての研究です。最近では，2016年に，**ハート**と**ホルムストロム**が「契約理論への貢献」に対してノーベル経済学賞を受賞しています。「契約理論」は「ゲーム理論」を基本構造としつつ，「情報の非対称性」や「立証不可能性」に焦点を当て，大きな発展を遂げた分野で，本書でも詳しく扱います（第9章から第11章）。なお，ナッシュ均衡を発見した**ナッシュ**は，その生涯を描いたアカデミー賞受賞映画『ビューティフル・マインド』（2001年）でも知られています。

学問分野でのゲーム理論の活躍

学問における広がり

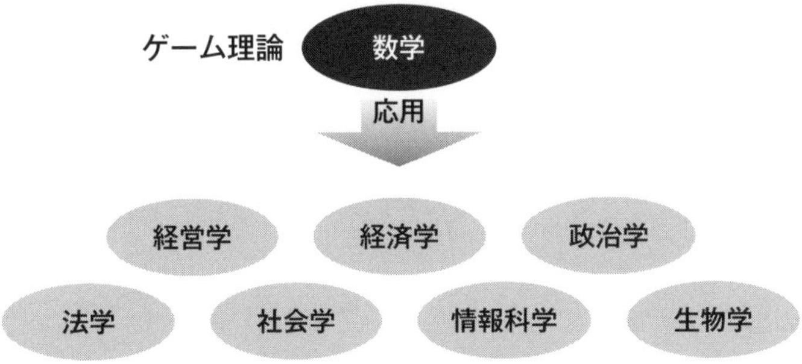

経済学での評価：ゲーム理論関連のノーベル経済学賞

1994年	ナッシュ，ゼルテン，ハーサニ	非協力ゲームの均衡の分析
1996年	マーリーズ，ヴィクリー	非対称情報とインセンティブの理論
2001年	アカロフ，スペンス，スティグリッツ	情報の非対称性を持つ市場の分析
2005年	オーマン，シェリング	ゲーム理論分析による対立と協力の理解
2007年	ハーヴィッツ，マスキン，マイヤーソン	メカニズムデザインの基礎
2012年	シャプレイ，ロス	マッチング理論とマーケットデザイン
2014年	ティロール	ゲーム理論・契約理論を用いた産業組織および規制の分析
2016年	ハート，ホルムストロム	契約理論への貢献
2020年	ミルグロム，ウィルソン	オークション理論への貢献

経済とビジネスの強力な分析ツールとしてのゲーム理論

前項でも述べたとおり，ゲーム理論は経済学，特にミクロ経済学の分野で威力を発揮しました。経済市場を構成するプレイヤーは，常に戦略を立てて利益向上を目指しています。消費者や企業の経済活動を最小単位とし，効用（満足度）や利潤を利得と考えるミクロ経済学は，ゲーム理論での分析にうってつけです。そして現在では，マクロ経済学，産業組織論，国際貿易論，財政学，金融論など経済学の多くの分野で強力な分析ツールとして使われています。たとえば，2014年度のノーベル経済学賞を受賞した**ティロール**は，1980年代に，それまでの伝統的な産業組織論をゲーム理論で分析し直し，「新しい産業組織論」を確立しましたし，国際貿易論の「戦略的貿易政策」も，ゲーム理論を基礎としています。

値引き競争や，価格協定の経済的効果，交渉などで，互いの最適な戦略を考慮して，シンプルな論理モデルを構築することが可能なゲーム理論は，ビジネスシーンにおいても注目されています。ビジネススクールで**MBA**（経営学修士）を取得する際には，ゲーム理論を学ぶのが標準的になっています。また，企業の制度にも**インセンティブ**（pp. 204, 205参照）や**コミットメント**（pp. 85, 88参照）などゲーム理論の考え方が多く普及しています。

経済活動はゲーム的

経済学におけるゲーム理論

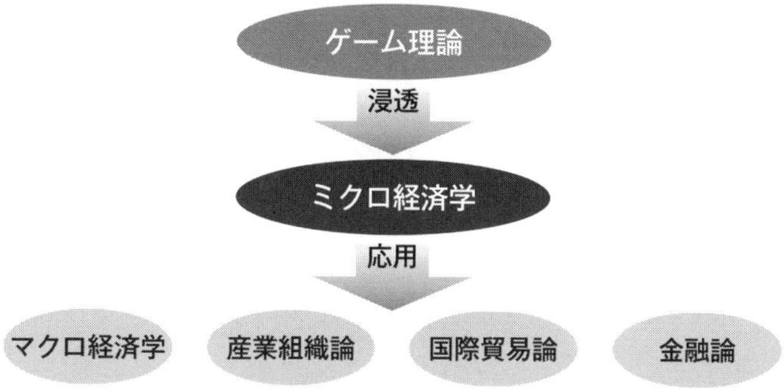

経済現象や市場原理の分析ツールとして
応用されてきた

MBA におけるゲーム理論

MBA のカリキュラムにゲーム理論が
多く取り入れられている

ビジネスの現場における意思決定ツールとしても
利用されている

MBA

MBA（経営学修士）は，企業経営を科学的アプローチによってとらえ，経営に必要な知識や能力を修得するための学位。欧米では，多くの企業で経営幹部への前提研修とされている。ゲーム理論的に言えば，MBA を取得することは，経営幹部になれる能力を持っていることを示すシグナリング（pp. 126-131 参照）とも解釈できる。

合理性でコミュニケーションをとるゲーム理論

異文化間での交渉ツールとして国際政治や貿易交渉で用いられるゲーム理論

グローバル化以来，以心伝心で，和を尊ぶ日本人のメンタリティは外交上不利とされました。その中で外交交渉を行う際の分析・コミュニケーションツールとして，ゲーム理論は急速に取り入れられました。貿易協定や外交戦略など，文化や習慣が異なる国家同士が，自国の利得を守るために交渉するには，合理的な分析と戦略が必要になります。TPP（環太平洋経済連携協定）は，太平洋を取り巻く国々が自由貿易を目指す協定ですが，参加しなければ日本の利得はどうなり，参加したら利得はどうなるか，とりわけ日本の農業では，アグリビジネスの展開が進められる一方で，農業生産や食の安全，地域社会の持続可能性への懸念などさまざまな効果が予想されます。その際にも，ゲーム理論は，複雑多岐にわたる影響を冷静に分析するツールとなります。

国際政治においては，国際法の遵守《じゅんしゅ》は前提としてあるものの，最終的な法の執行機関はありません。デリケートな問題においては，最悪の事態を想定して物事を進めなければなりません。短期的・長期的な自国の利得（経済的利益だけでなく領土や軍事的リスクなど）や，他国の戦略を徹底的に分析し，どのような戦略で自国の国益を守るべきか，その指針を出すのにゲーム理論は役立っているのです。

異文化交渉のツール

異文化間でのギャップ

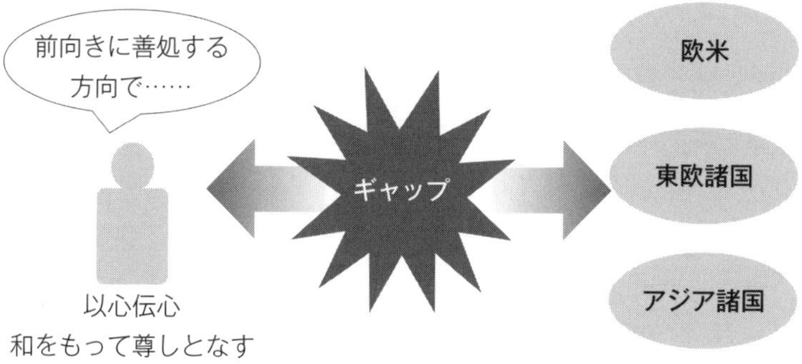

異文化間の交渉におけるゲーム理論の役割

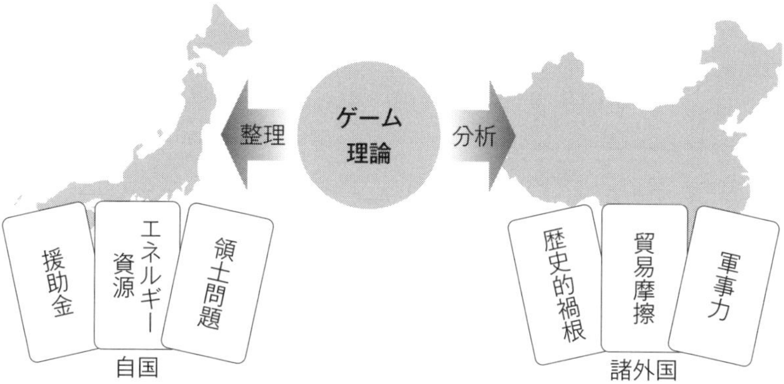

国際政治や国際貿易交渉のようなデリケートな問題において，他国の戦略を徹底的に分析し，また自国の利得を守るための戦略を立てるのにゲーム理論（ゲーム理論的思考）は役立っている。

時代の変化に対応するために

個人も組織も激しい競争にさらされる グローバル化・合理主義の時代

近年の日本では，年功賃金・終身雇用などの社会制度に，**成果主義・実力主義**が導入されています。そして，組織への忠誠心も大切ですが，個人の成果や業績が重視されるなど，業績主義への傾向も高まっています。企業においても，談合による持ち回りなどの横並びの協調的な関係から，構造改革や規制緩和による新規企業の参入やM&A（企業買収・合併）の増加，外資入り乱れての自由競争が激しくなってきています。

激化する競争の中で，合理的な判断・行動で，実績を効率よく上げるために，または相手に出し抜かれずに利得を守るために，最適の戦略を選ぶ道具としてゲーム理論（またはゲーム理論的思考方法）は活用されています。ITによる情報化の波も押しよせ，個人や組織が場所や時間を問わず競い合い，切実に利得を求めています。同じだけの努力をするにしても適切な戦略を選ばなければ，生き残るのが難しい時代になっているのです。また，日本社会における協調の文化（協調的行動）も，グローバル経済での激しい競争と切り離しては考えられません。こうした関わりの中で個人も企業も適切な戦略を選ばねばならず，その指針を出す上でもゲーム理論は役立っているのです。

時代に乗ったゲーム理論

日本社会の変化

協調の文化

- 年功賃金
- 終身雇用

↓

成果主義の導入

- インセンティブ制度（成果報酬）
- 能力重視
- リストラ

国際化・自由化の波

- 外資の参入
- 規制緩和
- M＆A

生き残るための戦略

ゲーム理論の武器

激化する競争において，相手の戦略を読み，
自分の戦略を合理的に組み立てる道具

コミットメント
pp. 84-88

スクリーニング
pp. 224-235

インセンティブ
pp. 204-211

シグナリング
pp. 126-133

交渉力
第 6 章

「拘束力ある契約」を結べるか否か

ゲーム理論の分類①
協力ゲームと非協力ゲーム

コミュニケーションをとることなく，お互い独立に戦略を選択するようなゲームを**非協力ゲーム**と呼びます。たとえば，スポーツでの利得は，勝敗のスコア（勝ち点）だとするならば，どちらか一方しか勝てない，つまり互いに一定の利得を取り合うことになります。そこでは話し合いの余地はなく，互いに最善を尽くすだけです。多くの非協力ゲームでは，プレイヤーの戦略の選択によって，個人の利得だけでなく，全体の利得（パイ）の大きさも変化します。

ゲーム理論においては，多くをこの非協力ゲームが占めます。ナッシュ均衡とその精緻化が，非協力ゲームの基盤となる均衡概念で，1994年のノーベル経済学賞は，この均衡概念を確立した3氏に授与されました。本書もほとんどが，非協力ゲームの枠組みです。

しかし，現実には互いに相談し合って物事を決める場合も多くあります。プレイヤー間で，**提携**（**結託**ともいいます）を通じて協力することが可能なゲームを**協力ゲーム**と呼びます。価格競争などで，協力し合えばお互いの利得が増大する，無駄な競争が減るといったケースもあります。プレイヤー全員を合わせた利得の増大があるときには，互いに相談して協定を結ぶ価値があるのです。この場合の協力は契約・協定を通じた「**拘束力**」あるものを指します（本書では第6章 pp. 156–159 のナッシュ交渉解が，協力ゲームの枠組みとなります）。

協力ゲームと非協力ゲーム

非協力ゲーム

互いに独立に戦略を決定するゲーム

↓

合理的な選択を積み重ねていく演繹《えんえき》的な分析が多い

各自の利得の最大化　**互いに独立した意思決定**　**互いに利得を奪い合う・分け合う**

◎ナッシュ均衡（とその精緻化）で，すべてを説明しようとする。

協力ゲーム

↓

理想的な結末を想定しての帰納的な分析が多い

利得の総和の最大化　**最大化した利得を分け合う**　**拘束力ある合意の締結**

◎多くの解概念が提案されている点は，非協力ゲームと対照的。

協力ゲーム，非協力ゲームを問わず，協力の有無は，ゲームにおいて互いに共通の利得を見出せるか否かで変わってくる。

ゲーム理論の分類②
同時手番ゲームと逐次手番ゲーム

ゲーム理論は，プレイヤーが行動を決定するタイミングで大きく２種類に分かれます。

じゃんけんや投票などのように同時に互いが手を明かすものを**同時手番ゲーム**（同時ゲーム，第２章参照）といいます。また，将棋や高い値段を順につけていくオークションのように順番に手を打ち合うものを**逐次手番ゲーム**（交互ゲーム，第３章参照）といいます。

同時手番ゲームが何度かくり返されたり，同時手番ゲームと逐次手番ゲームが混ざったりしているけれども，その中で，全体ゲームの中の１つのゲームが，全体から独立して完結している場合，そのゲームを**部分ゲーム**（**サブゲーム**）といいます。じゃんけんで先手と後手を決めてから囲碁を行う場合，先手が異なる２通りの囲碁が全体の中の部分ゲームとなります。

同時手番ゲーム（同時ゲーム）や逐次手番ゲーム（交互ゲーム）をそれぞれ繰り返し行う場合を**くり返しゲーム**（**反復ゲーム**）と呼びます。中でも回数が限定されている場合を**有限回くり返しゲーム**，際限なく続けるものを**無限回くり返しゲーム**と呼び，最適な戦略が変わってきます。

ゲームのタイミングや長さによる分類

同時手番ゲームと逐次手番ゲーム

同時手番ゲーム

同時入札など同時に互いの手が明かされるもの

逐次手番ゲーム

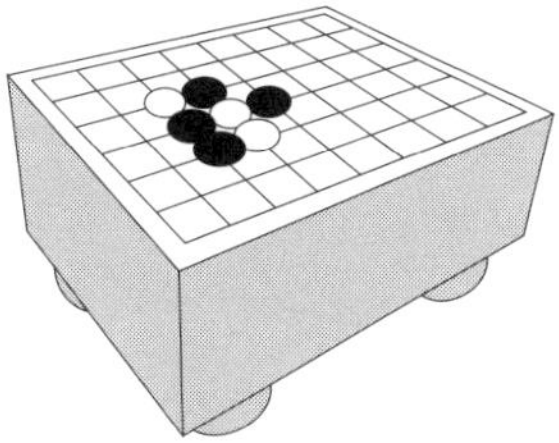

ボードゲームのように先手，後手と順番に手を指すもの

部分ゲーム

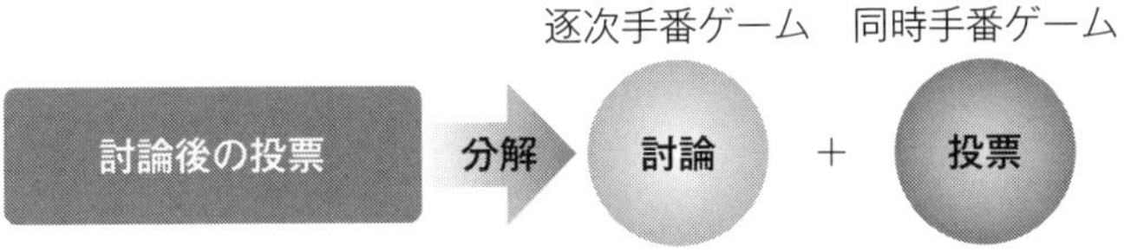

複数のゲームが組み合わさっていても，それ自身独立して完結しているゲームは，全体の中の部分ゲームである。

くり返しゲーム（反復ゲーム）

有限回くり返しゲーム

日本のプロ野球のように攻守が最大 12 回セットまでと上限が決められているもの

無限回くり返しゲーム

値下げ競争などのように，企業が存続する限り際限なくゲームが続いていくもの

微分による最適解の導出：最適化の１階条件

ゲーム理論のプレイヤーは，相手の戦略を読みながら，合理的な意思決定を行います。相手がこの戦略で来ると予想すると，自分はこの戦略を取るのが最適だ，というわけです。自分の最適な意思決定を考えるとき，自分の戦略が２つか３つといった「離散変数」であれば，それぞれの戦略をとったときの利得を計算して比較すればよいのですが，戦略が「**連続変数**」の場合はどうでしょうか？　このとき，自分の利得を最大化する戦略（最適解）を求める方法が，**微分による「最適化の１階条件」**の導出です。ここでは，ミクロ経済学の基本である「消費者の予算制約下の効用最大化問題」を例として説明しましょう。ワインとパンの２財が存在し，ワインの価格は１杯あたり 300 円，パンの価格は１個あたり 200 円であり，ある消費者の２財に支出できる所得は２万４千円であるとします。ワインの消費量を W，パンの消費量を P として，ともに連続変数であるとします。このとき，消費者がワインとパンを消費することによって感ずる満足度を効用と呼び，その効用の水準 U は，$U=WP$ のようにワインとパンの消費量の積として表されると仮定します。この消費者の「予算制約下の効用最大化問題」を定式化し，それを解いて，消費者のワインとパンの最適消費量（合理的な選択）を具体的に求めてみましょう。

微分してゼロと置く：最適解の 1 階条件

問題は $\underset{\{W,\ P\}}{\mathrm{Max}}\ WP$ s.t. $300W+200P=24000$ と定式化できる。

予算制約式 $3W+2P=240$ を変形した $P=-\dfrac{3}{2}W+120$ を効用関数 WP に代入して，$WP=W\left(-\dfrac{3}{2}W+120\right)=-\dfrac{3}{2}W^2+120W$

これを W について**微分してゼロとおく**と，$-3W+120=0$ が得られる。この**最適化の 1 階条件**を解いて最適解 $W^*=40$ が求まる。この作業を図示すると，次のようになる。

＊微分する＝**接線の傾き**を求める
＊ゼロとおく＝接線の**傾きがゼロ**

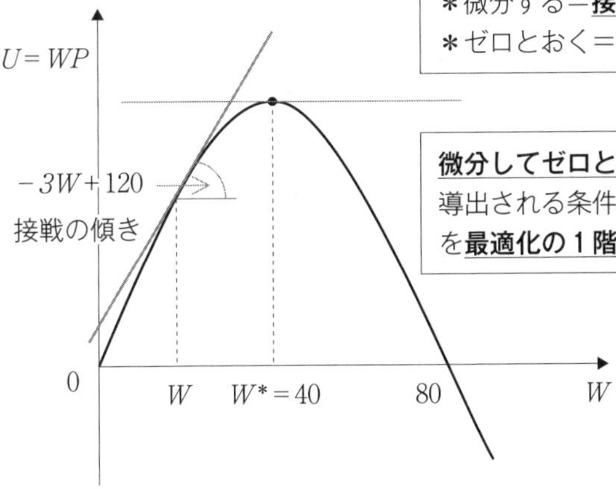

微分してゼロとおくことによって導出される条件　$-3W+120=0$ を**最適化の 1 階条件**という。

（注）$WP=W\left(-\dfrac{3}{2}W+120\right)=-\dfrac{3}{2}W^2+120W=-\dfrac{3}{2}W(W-80)$

より，これは，横軸と 0 と 80 で交わる**上に凸の（2 次の）放物線**であることから，上の左右対称の図を描けば，最大値は $W^*=40$ で達成されることがわかる。「微分してゼロ」は，山の頂点を指定する操作である。

第 2 章

静学ゲーム：ゲームの基礎と同時手番ゲーム

同時手番ゲームの例

視聴者を多く獲得できる番組は スポーツと経済のどちらか？

ここでは，テレビ放送局による視聴者獲得競争を取り上げ，**同時《どうじ》手番《てばん》ゲーム**とはどのようなものかを考えていきます。

2つのライバル局シーツー放送とブイスリーテレビ（以下，シーツー，ブイスリーと表記）が存在し，各テレビ局は，毎週日曜日の19時から，同じ時間帯に特別番組を放送しています。今回のテーマ候補は，「世界スポーツ選手権」と「日本経済のゆくえ」（以下，「スポーツ」，「経済」と表記）です。視聴者は「スポーツ」に対して80万人，「経済」に対して20万人が興味を持っています。

同じ特集を放送した場合には，興味を持つ視聴者は半分ずつ獲得できます（両者ともに「スポーツ」であれば40万人，「経済」であれば10万人）。異なる特集を放送した場合には，興味を持つ視聴者を全員獲得できるとします（「スポーツ」であれば80万人，「経済」であれば20万人）。

両放送局は，どちらの特集を選択すればより多くの視聴者を獲得できるでしょうか。

2 放送局による視聴者獲得競争

特別番組の内容はどちらにすべきか

〈GAME 2-1〉 視聴者獲得競争

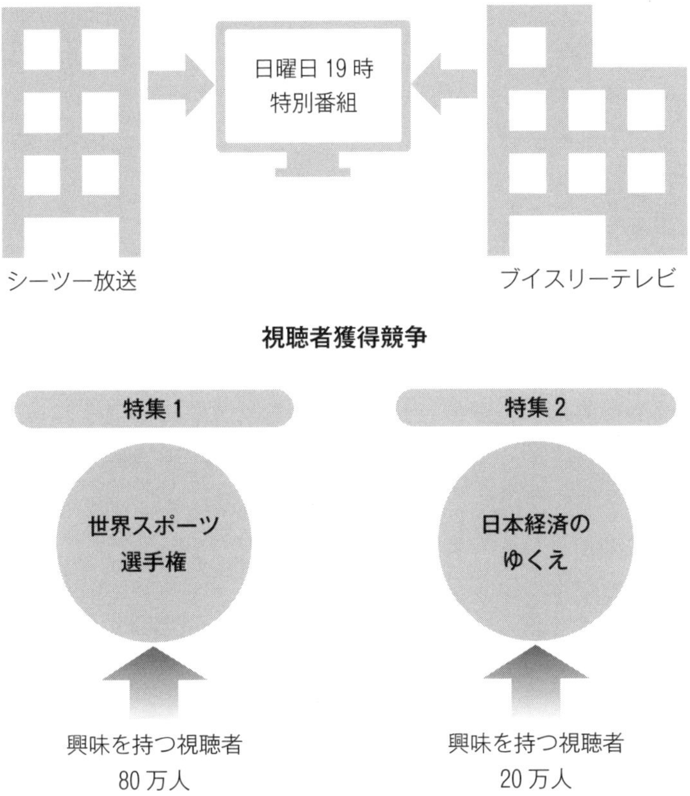

どちらの特集を選択すれば
より多くの視聴者を獲得できるか？

戦略形ゲームとは何か

戦略形ゲームに必要な3要素は
プレイヤー・戦略・利得

同時ゲームは，プレイヤー（ゲームをする主体），戦略（行動計画），利得（戦略の組によって各プレイヤーが獲得できる利益や評価値）によって構成されます。これを視聴者獲得競争に当てはめると，プレイヤーはテレビ局，戦略は特別番組のテーマをどちらにするかを考えること，そして利得は視聴者の獲得数となります。

このような3つの要素によって表現されるゲームを，**戦略形《せんりゃくがた》ゲーム**といいます。ゲームの最終的な目標は，各プレイヤーが選択する戦略とそれによって生じるゲームの結果を考えることです。これを「**ゲームを解く**」といい，次の3つの手順を用います。

基本は，自分の利得が最大となる戦略を考えることです。（これはプレイヤーが「合理的」であるという仮定です。）その際，相手がすべての戦略を選ぶ可能性があると考え，そのすべての場合に自分がどの戦略を選択するのが最適かを考えます。（これは，相手のそれぞれの戦略に対する「**最適反応**」を求めることにほかなりません。）同様に，相手の立場でも同じことを考えます。その結果，ゲームの帰結として得られる戦略の組が，**ゲームの解《かい》**です。

戦略形ゲームとは

戦略形ゲームを構成する 3 要素

プレイヤー	ゲームをプレイする主体 [シーツー放送とブイスリーテレビ]
戦略	行動計画 [スポーツと経済のどちらを放送するか]
利得	戦略の組から得られる効用や利潤 [視聴者の獲得数]

ゲームを解くとは

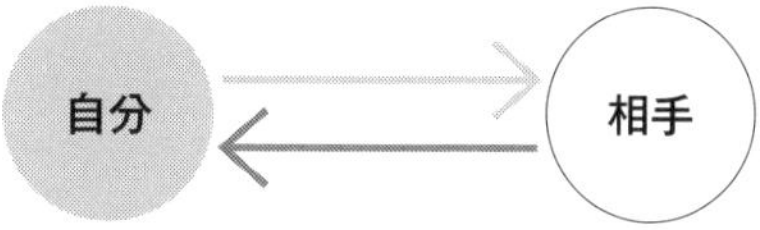

ゲームを解く

①自分が最も高い利得が得られる戦略を考える（「合理性」の仮定）
②相手のすべての戦略に対し，自分が最も高い利得が得られる戦略を考える
（相手の戦略に対する「最適反応」）
③ 相手の立場でも①②を考える

ゲームの解　各プレイヤーが選択する戦略とそれによって生じるゲームの結果

同時ゲームの3要素を表現する

利得行列による3要素の表現ですべてが一目瞭然に

同時ゲームの3要素であるプレイヤー，戦略，利得のすべてをわかりやすく表現したものがあります。それが，**利得行列《りとくぎょうれつ》**です。行列は難しいと思う人がいるかもしれませんが，簡単なルールで書かれた表だと考えればよいでしょう。

プレイヤーはシーツーとブイスリー，**戦略**は「スポーツ」と「経済」，そして**利得**は獲得した視聴者数（単位の万人は省略）です。利得行列に表すと右表のようになります。

この利得行列の見方で，覚えなければならない重要な点は，括弧《かっこ》内の数字の左側が表の左，そして右側が表の上に書かれているプレイヤーの利得を表していることです。

シーツーが「スポーツ」を選択するのと同時にブイスリーは「経済」を選択し，両者が交わった部分が各プレイヤーの利得です。表を見ると，シーツーの利得は括弧の左側なので80，ブイスリーの利得は右側なので20となります。同様に，シーツーが「経済」，ブイスリーが「スポーツ」を選択する場合，シーツーの利得は20，ブイスリーの利得は80であり，各プレイヤーの利得は，自分の戦略だけでなく他人の戦略にも依存しています。ゲームの利得表は，こうした「**外部性**」または「**戦略的相互依存**」を簡明に表すことができるのです。

利得行列を用いて分析する

利得行列とは

同時ゲームの3要素をわかりやすく表したもの

シーツー＼ブイスリー	スポーツ	経済
スポーツ	(**40**, 40)	(**80**, 20)
経済	(**20**, 80)	(**10**, 10)

ポイント　括弧の左はシーツー，右はブイスリーの利得

シーツー「スポーツ」，ブイスリー「経済」の場合

シーツー＼ブイスリー	スポーツ	経済
スポーツ	(**40**, 40)	(**80**, 20)
経済	(**20**, 80)	(**10**, 10)

→ シーツーの利得＝80，ブイスリーの利得＝20

常に有利な戦略を考える

相手の戦略にかかわらず自分にとって優位な支配戦略

それでは〈GAME 2-1〉の利得行列を用いて，合理的なプレイヤーの戦略（行動の選び方）を考えていきます。まず重要なのは，相手が選択するどのような戦略に対しても自分にとって優位な（dominant）戦略を考えることです。すなわち，相手がどの戦略を選ぼうが，自分の他の戦略よりも得られる利得が高くなるような戦略です。このような戦略を，**支配戦略**（dominant strategy）といいます。各プレイヤーの立場で相手がどのような行動をとるのかを考えながら，自分の支配戦略を探していきます。

シーツーの立場から考えてみます。利得行列では，相手（ブイスリー）が「スポーツ」を選んだ場合，自分（シーツー）は「スポーツ」を選ぶと 40，「経済」を選ぶと 20 の利得が得られます。したがって，「スポーツ」を選んだ方が利得は大きくなります。同様に，相手が「経済」を選んだ場合，「スポーツ」を選ぶと利得は 80，「経済」を選ぶと 10 です。ここでも「スポーツ」を選んだ方が利得は大きくなります。結局，どちらも「スポーツ」を選択することがシーツーにとって有利です。つまり，これがシーツーにとっての**支配戦略**となります。

p. 24 の「最適反応」という用語を使えば，「相手のいかなる戦略に対しても最適反応となっている戦略」のことです。例えば，シーツーの「スポーツ」は，ブイスリーの「スポーツ」に対して「最適反応」，「経済」に対しても「最適反応」となっており，相手の戦略にかかわらず常に最適な戦略であるため，「支配戦略」といえるのです。

相手の戦略を予想して支配戦略を導き出す

支配戦略とは

支配戦略　各プレイヤーの立場に立って，相手がどのような戦略を選択しても自分にとって有利な戦略を考えること

シーツーの支配戦略を考える

ブイスリーが「スポーツ」を選択した場合

シーツー＼ブイスリー	スポーツ	経済
スポーツ →	(40, 40)	(80, 20)
経済 →	(20, 80)	(10, 10)

40＞20→シーツーは**「スポーツ」を選ぶ方がよい**

ブイスリーが「経済」を選択した場合

シーツー＼ブイスリー	スポーツ	経済
スポーツ →	(40, 40)	(80, 20)
経済 →	(20, 80)	(10, 10)

80＞10→シーツーは**「スポーツ」を選ぶ方がよい**

シーツーは，ブイスリーがどちらの戦略を選択しても
「スポーツ」を選択する方がよい（＝**支配戦略**）

戦略の組み合わせを明らかにする

支配戦略と最適な戦略を予測するゲームの解

今度は，ブイスリーの立場で考えてみましょう。そして相手のシーツーに対する戦略を読みながら，最適な戦略を考えます。

相手（シーツー）が「スポーツ」を選択したとき，自分（ブイスリー）は「スポーツ」を選ぶと 40,「経済」を選ぶと 20 の利得が得られます。この場合は，利得の大きい「スポーツ」を選ぶ方が有利です。

同様に，相手が「経済」を選択したとき，自分は「スポーツ」を選ぶと 80,「経済」を選ぶと 10 の利得が得られます。やはり,「スポーツ」を選択する方が有利となります。結局，相手が「スポーツ」を選ぼうが「経済」を選ぼうが，自分は「スポーツ」を選択することが**支配戦略**となるのです。そして合理的なプレイヤーであるブイスリーは，明らかに支配戦略である「スポーツ」を選ぶと予想できます。

このようにシーツー，ブイスリーの戦略をそれぞれ見ていくと，ともに「スポーツ」を選択する支配戦略をとるということがわかります。結局これが，視聴者獲得競争におけるゲームの解となるのです。この両プレイヤーが支配戦略をとっている状態を,「**支配戦略均衡**」と呼びます。

互いの支配戦略を考える

ブイスリーの支配戦略を考える

シーツーが「スポーツ」を選んだ場合

シーツー＼ブイスリー	スポーツ	経済
スポーツ	（**40**, 40）	（**80**, 20）
経済	（**20**, 80）	（**10**, 10）

40＞20→ブイスリーは**「スポーツ」を選ぶ方がよい**

シーツーが「経済」を選んだ場合

シーツー＼ブイスリー	スポーツ	経済
スポーツ	（**40**, 40）	（**80**, 20）
経済	（**20**, 80）	（**10**, 10）

80＞10→ブイスリーは**「スポーツ」を選ぶ方がよい**

ブイスリーは，シーツーがどちらの戦略を選択しても
「スポーツ」を選択する方がよい（＝**支配戦略**）

ゲームの解　シーツー，ブイスリーともに**支配戦略**である「スポーツ」を選ぶ。
支配戦略の組＝「支配戦略均衡」

最適な戦略を組み合わせる

ナッシュ均衡はお互いに最適な戦略をとり合っている状態

それでは，獲得できる**視聴者の数を変更**した場合でも支配戦略は「スポーツ」となるのでしょうか？

今度は「スポーツ」には 54 万人，「経済」には 46 万人の視聴者が興味を持っていると仮定します。

利得行列より，シーツーの立場であれば相手が「スポーツ」を選ぶと「経済」，「経済」を選ぶと「スポーツ」を選択する方が有利となります。これは**支配戦略が存在しない状態**です。なぜなら，自分の最適な戦略は相手の戦略によって変化するからです。

次項で詳しく述べますが，支配戦略があるか否かにかかわらず，両プレイヤーにとって「お互いに最適な戦略をとり合っている状態」を**ナッシュ均衡《きんこう》**と呼びます。この状態を「均衡」と呼ぶのは，プレイヤー同士が最適な戦略をとり合っているため，自分だけが戦略を変更しても利得を増やすことができない安定な状態にあるからです。〈GAME 2-1〉の場合は，シーツーとブイスリーともに「スポーツ」を選択する支配戦略の組み合わせが，お互いに最適な戦略をとり合っている状態でもあるため，ナッシュ均衡となります。（逆に，ナッシュ均衡が支配戦略均衡になるとは必ずしもいえませんので，注意してください。）

最適な戦略を組み合わせた安定状態

シーツーの支配戦略がないゲーム

〈GAME 2-2〉〈GAME 2-1〉の視聴者数を変更したゲーム

スポーツ＝54 万人，経済＝46 万人に変更

シーツー＼ブイスリー	スポーツ	経済
スポーツ	(27, 27)	(54, 46)
経済	(46, 54)	(23, 23)

①ブイスリー「スポーツ」 ➡ シーツー「経済」
②ブイスリー「経済」 ➡ シーツー「スポーツ」
シーツーの最適な戦略は，相手の戦略によって変わる

➡支配戦略が存在しない

ナッシュ均衡とは

プレイヤー同士が最適な戦略をとり合っていて，自分だけが戦略を変更しても利得を増やすことができない状態

〈GAME 2-1〉の場合

両者が「スポーツ」を選択 ＝ **ナッシュ均衡**

ナッシュ均衡は１つではない

1つのゲームに複数のナッシュ均衡が存在する

前項で，獲得できる視聴者数を変更すると，シーツーに支配戦略が存在しないことが明らかになりました。ブイスリーも同様に，支配戦略は存在しません。それでは，この場合の**ナッシュ均衡**はどのような形になるでしょうか。

ブイスリーが「スポーツ」を選ぶと予想したときには，シーツーは自分の利得を最大にする「経済」（利得 46）を選ぶことが最適な選択となります。さらに，シーツーが「経済」を選ぶと予想したときには，ブイスリーは「スポーツ」（利得 54）を選ぶことが最適戦略となります。この（シーツーが「経済」，ブイスリーが「スポーツ」を選ぶ）という戦略の組み合わせは，**お互いに最適な戦略をとり合っている状態**ですので「ナッシュ均衡」です。同様に，（シーツーが「スポーツ」，ブイスリーが「経済」を選ぶ）という戦略の組も，**相手の戦略を所与とした最適戦略をお互いにとり合っています**ので「ナッシュ均衡」です。

〈GAME 2-1〉では「スポーツ」が支配戦略で，ただ１つのナッシュ均衡となりました。しかし，ここでは２組の戦略が，ナッシュ均衡として存在しているのです。

１つとは限らないナッシュ均衡

ブイスリーの支配戦略がないゲーム

シーツー ＼ ブイスリー	スポーツ	経済
スポーツ	（27，27）	（54，46）
経済	（46，54）	（23，23）

●シーツー「スポーツ」 ➡ ブイスリー「経済」
●シーツー「経済」 ➡ ブイスリー「スポーツ」

ゲームを解いた結果

シーツー ＼ ブイスリー	スポーツ	経済
スポーツ	（27，27）	（54，46）
経済	（46，54）	（23，23）

この２組がナッシュ均衡

①ブイスリー「スポーツ」 ⬌ シーツー「経済」
②シーツー「スポーツ」 ⬌ ブイスリー「経済」

ナッシュ均衡　ナッシュ均衡は１つとは限らず，上の例では２組が両者にとって最適な戦略の組み合わせとなっている。

相手の戦略を無視することはできない

ナッシュ均衡は最適な戦略の組み合わせで決まる

ナッシュ均衡の名前は，この概念を考案した**ジョン・F・ナッシュ**(pp. 6, 64参照）に由来します。

彼は数学的に**混合戦略**（pp. 56-63参照）の概念を用いて，ゲームにプレイヤーが何人いようと，戦略がいくつあろうと，それが有限であれば(**有限ゲーム**)，必ず１つ以上のナッシュ均衡が**存在**することを証明しました（ナッシュの定理)。

これにより，広範な種類のゲームにナッシュ均衡が存在することが示され，分析ツールとしての土台が築かれたのです。

ナッシュ均衡を考える上で重要なのは，相手を無視してプレイヤー（自分）の独断で最適な戦略を決めることはできない，ということです。プレイヤーにとって最適の戦略は，相手の戦略を考えながら答えを出す，つまり戦略同士の「組み合わせ」で決まります。

お互いが相手の戦略を読み合うことで，最終的には最適な戦略の組み合わせに行き着きます。これが，ナッシュ均衡なのです。言い換えれば，自分１人だけが他のどのような戦略に変更したとしても，自分の利得を増やすことができないような安定な戦略の組み合わせであるといえます。

相手との戦略の組み合わせが重要

支配戦略が存在する場合

シーツー＼ブイスリー	スポーツ	経済
スポーツ	（**40**，40）	（**80**，20）
経済	（**20**，80）	（**10**，10）

両者が「スポーツ」を選択（支配戦略）➡ **ナッシュ均衡**

支配戦略が存在しない場合

シーツー＼ブイスリー	スポーツ	経済
スポーツ	（**27**，27）	（**54**，46）
経済	（**46**，54）	（**23**，23）

お互いに最適な戦略を選択した組み合わせ ➡ **ナッシュ均衡**

ナッシュ均衡は，プレイヤー同士の最適戦略の組み合わせで決まる。１つとは限らない。

ナッシュ均衡の定義

「ナッシュ均衡」の定義と解釈を吟味してみよう。

ここで一度，「ナッシュ均衡」をきちんと定義し，その解釈を考えてみましょう。「ナッシュ均衡」とは，両方のプレイヤーが，相手の戦略を所与とした最適な戦略をとり合っている状態であると定義しました。これは，右上のゲームで（スポーツ，経済），（経済，スポーツ）がともにナッシュ均衡であることから理解できますが，数式では，戦略の組（s_i^*, s_{-i}^*）がナッシュ均衡であるとは，どのプレイヤーにとっても，他のプレイヤーがナッシュ均衡戦略 s_{-i}^* をとるときに，自分もナッシュ均衡戦略 s_i^* をとることが最適である状態 $u_i(s_i^*, s_{-i}^*) \geq u_i(s_i, s_{-i}^*), \forall i, \forall s_i \in S_i$ と定義されます。（ここで S_i はプレイヤー i の戦略空間であり，いかなる戦略をとりうるかを規定するものです。）つまり，相手がナッシュ均衡戦略をとると予想するとき，自分もナッシュ均衡戦略をプレイすることが最適となるような戦略の組み合わせのことであり，これは，相手がナッシュ均衡をプレイする限り，自分も進んでナッシュ均衡をプレイする誘因（インセンティブ）が生じるような戦略の組み合わせ，または，相手がナッシュ均衡をプレイする限り，自分だけナッシュ均衡から逸脱（unilateral deviation）しても利益にならないような戦略の組み合わせ，ということもできます。

ナッシュ均衡の定義

シーツー ＼ ブイスリー	スポーツ	経済
スポーツ	（27，27）	（54，46）
経済	（46，54）	（23，23）

（スポーツ、経済），（経済，スポーツ）ともにナッシュ均衡

ナッシュ均衡の2つの考え方

①合理的期待均衡：お互いに，相手の戦略を予想しながら，自分は何をするのが最適かを考え，結局，ナッシュ均衡がプレイされると双方が考えて，その戦略がプレイされる。つまり，その予想は，自己実現する。合理的な予想である。

②戦略の動学的な調整過程の収束先：最適反応動学。相手の現在の戦略を所与として，プレイヤーが交互に，最適に戦略を調整していく，その収束先。

	L	C	R
T	③，③	0，2	0，0
M	2，1	2，0	2，0
B	0，0	3，2	1，3

スタート

上の定義①②が一致。たとえば，（B，C）→（B，R）→（M，R）→（M，L）→（T，L）で，戦略はナッシュ均衡（T，L）に収束する。

最適戦略の結果が裏目に出る

お互いの合理的な戦略が「囚人のジレンマ」を生む

プレイヤーによる最適な戦略の組み合わせの結果は，プレイヤー全体にとって常によい結果をもたらすわけではありません。

重罪を犯した2人が警察に逮捕され，それぞれが別の部屋で取り調べを受けている状況があるとします。警察は2人に「あなただけが自白したときは無罪（共犯者は懲役15年）」「両者が罪を認めて自白すればともに懲役8年」「両者黙秘なら証拠不十分でともに懲役1年」と取引を持ちかけます。（「司法取引」といわれるもので，日本でも2018年に「日本版の司法取引」が，組織犯罪（振り込め詐欺や汚職など）や経済犯罪（談合やインサイダー取引など）を対象に，導入されました。）

それでは，このゲームの利得行列を見てみましょう。このとき，どちらの場合も自分が「自白する」を選び，相手が「黙秘する」場合に利得が最も高くなります（利得0）。しかし，両者が支配戦略である「自白」を選んでしまうと，ともに得られる利得は−8となり，「黙秘」で協力して得られる利得−1よりもはるかに悪い結果となってしまいます。お互いが個人合理的な支配戦略（「自白」）を選んだ末に，プレイヤー全体にとっては非常に良くない結果（非効率的な結果）が生じてしまうことを**囚人《しゅうじん》のジレンマ**といいます。

合理的な戦略の落とし穴

囚人のジレンマとは

〈GAME 2-3〉囚人のジレンマその１

囚人のジレンマ　プレイヤー個人の合理的戦略（支配戦略）の選択が，プレイヤー全体には悪い結果をもたらすジレンマ状況のこと。

A ＼ B	自白	黙秘
自白	（ −8,　−8 ）	（　0,　−15 ）
黙秘	（ −15,　0 ）	（ −1,　−1 ）

懲役年数はマイナスで表す

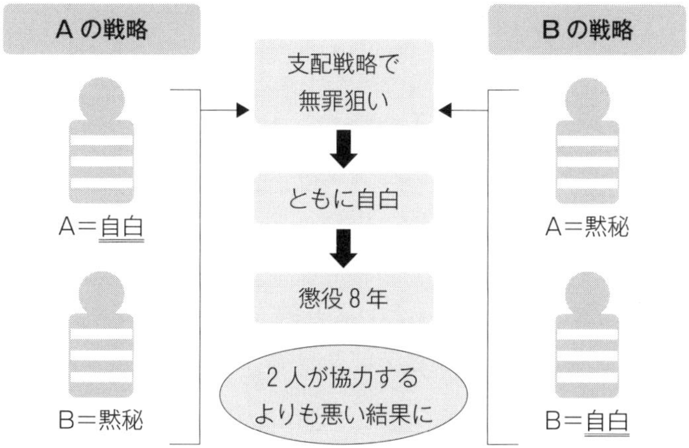

身近に見られる囚人のジレンマ

居酒屋の値下げ競争で得をするのはどちらか

囚人のジレンマのポイントは，**各プレイヤーの「合理的な」行動が，プレイヤー全体にとって「望ましくない」結果をもたらす**ということです。囚人のジレンマの身近な例をもう1つ取り上げてみましょう。

〈GAME 2-4〉 大手居酒屋チェーンのAとBが，値下げ競争をしています。AとBともに価格維持を選んだ場合には，高めの価格でマーケットを二分し，大きな利得5を得ることができます。自分の店が値下げをし，相手が価格を据え置いた場合には，自分の店のお客が増えて売上が大幅にアップし（利得9），相手のお客と売上は減少します（利得0）。反対に，相手が値段を下げて自分の店が価格を据え置いたときには，相手にお客をとられてしまい（相手の利得9），売上も減少します（自分の利得0）。AとBともに値下げを選んだ場合には，得られる客数はそれほど増えず，価格を大きく下げた分，売上は減少してしまいます（利得3）。この状況は，右の利得行列が示すとおり，囚人のジレンマの一例で，AとBともに値段を下げるのが「支配戦略」となります。しかしその結果，両者とも売上は減少してしまい，パレート非効率な結果が実現します。

このゲームでも，AとBが，（価格維持，価格維持）の組で協力する「**拘束力ある合意**」を結ぶことができれば，(5，5）の利得を確保できますが，「拘束力ある合意」を結ぶことができない**非協力ゲーム**の状況では，相手の価格維持を所与として，値下げに逸脱するインセンティブ9－5＝4を防ぐことができません。しかも，自分の利得の増加以上に相手の利得を害するため，均衡においては，両者の利得は（5，5）よりも低い（3，3）に減少してしまうのです。

囚人のジレンマの例

居酒屋の値下げ競争

〈GAME 2-4〉囚人のジレンマその２

大手居酒屋チェーンの総利益

（単位：億円）

A ＼ B	価格維持	値下げ
価格維持	（5，5）	（0，9）
値下げ	（9，0）	（3，3）

自分が値下げして相手は価格維持すれば
利益が大きくなる（利得９を狙う）

A，B ともに**値下げ**が**支配戦略**

（ともに値下げ＝利得３）＜（ともに価格維持＝利得５）
両者の利得は協力したときよりも小さくなる
パレート非効率的な状態

囚人のジレンマは，環境問題や軍備拡張，
渋滞など，さまざまな場面で見られる

囚人のジレンマを解決するには

ルールの変更によって囚人のジレンマを回避する

これまで見てきた**囚人のジレンマ**に，**解決策**はないのでしょうか。

〈GAME 2-5〉 隣り合うA，Bの両国には工場がたくさんあり，大気を汚染しています。両国の周辺国は迷惑しており，大気を汚さない装置を工場にとりつけるよう両国に圧力をかけています。対策費用は大きな負担である一方で，A，Bのどちらか一方が対策を講じれば，大気の状態は回復します。すると両国ともに「対策を講じない」が支配戦略となり，その結果，大気汚染が一層進みます。これは，相手の対策（投資）に依存して，自分は対策費用を負担せずに利得を増やそうとする「ただ乗り問題（フリーライダー問題）」（pp. 212-213も参照）の応用例です。

このような問題の解決法は第3章以降でも見ていきますが，その1つは「ゲームのルールを変更する」ことです。ここではAとBに（拘束力を持った）国際協定を結ばせます。一定量以上の大気を汚染した場合，相手に対して高額の罰金（対策を講じないことで得られる利得を超える額）を支払うよう要求するのです。それにより，支配戦略が変わることにより，両者が協力することで大気汚染を防ぐことができるようになるのです。

囚人のジレンマの解決法

A 国と B 国の大気汚染対策

〈GAME 2-5〉囚人のジレンマその 3

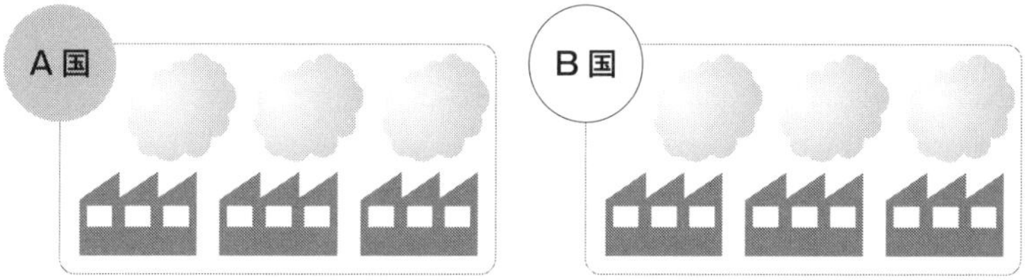

- A 国と B 国は大気を汚染している
- どちらか一方の対策で状態は回復

A，B 両国が「対策を講じない」が支配戦略

||

大気汚染が一層ひどくなる

ゲームのルールを変更する

基準を超えて大気を汚染した場合，対策を講じないことで得られる利得を超える罰金を相手に支払う

A，B 両国ともに対策を講じる

相手の戦略に左右されるチキンゲーム

ジェームズ・ディーンが主演した映画『理由なき反抗』には，**チキンゲーム**が登場します。2台の自動車を崖に向かって直進させ，先に運転席から飛び降り（回避し）たら負け（臆病者，チキン），というものです。この場合には，「回避」,「直進」のどちらを選べばよいでしょうか。

〈GAME 2-6〉 チキンゲームの利得行列を見てみましょう。2人のプレイヤーにとって最も悪いのは，2人とも「直進」で，崖から転落してしまいます（ともに利得－15)。次に悪いのは自分だけ「回避」です（自分の利得－5)。最も良いのは，自分だけ「直進」です（自分の利得5)。

2人のプレイヤーが相手の戦略を所与とした最適戦略をとり合っている状態として定義されるナッシュ均衡は，このゲームでは「Aが直進，Bが回避」と「Bが直進，Aが回避」の2種類あります。

この2つは，いずれの状況においても，自分だけ戦略を変えれば損をするという意味で安定的です。例えば,「Aが直進，Bが回避」では，Aが直進から回避に戦略を変えると，利得が5から0に下がってしまいますし，Bが回避から直進に戦略を変えると，利得は－5から－15に下がってしまいます。お互いに最適な戦略をとっていて，これ以上，自分一人で自分の利得を高めることはできないという意味で，均衡は安定しています。ただし，ナッシュ均衡が1つしかない場合はわかりやすいのですが，このゲームには2つの均衡のうち，どちらの均衡が実現するかという「**均衡選択**」の難しい問題があります。

チキンゲームは、**チキンレース**とも呼ばれ、企業同士が市場でやみくもな競争（(直進、直進)）を行うと、**過当競争**や**消耗戦**に陥り、最悪の状況となるケースにも当てはまります。

チキンゲームのナッシュ均衡

チキン（弱虫）ゲームとは

チキンゲーム　崖に向かって２台の自動車を直進させ，先に運転席から飛び降りた方が負ける（チキン（弱虫））

〈GAME 2-6〉チキンゲーム

B / A	回避	直進
回避	（0，　0）	（－5，　5）
直進	（5，－5）	（－15，－15）

●直進し続けた運転者が勝者，先に回避した運転者が敗者
●ともに勝者を目指すと，両者崖から転落

ナッシュ均衡は２種類ある

①Ａが直進，Ｂが回避
②Ａが回避，Ｂが直進

チキンゲームの最適戦略は，相手の戦略によって変化する

協調ゲーム：預金者の銀行取り付け

調整ゲーム（お互いの「行動の調整（コーディネーション）」が重要）

大口預金者ＡとＢをプレイヤーとし，各々の戦略は「預金を引き出さない」と「引き出す」であるとします。このとき，預金者Ａ，Ｂが行動をうまく調整でき，預金を引き出さないでおけば，銀行は経営を建て直し，預金者も高い将来利得が得られます（(10，10）の利得)。しかし，一方のみが預金の引き出しに急ぐと，彼は預金の解約によって利得４を得ますが，引き出しに行かなかった方は何も確保できません（(4，0）または（0，4))。両方の預金者が性急に引き出しを行えば，彼らは（2，2）という利得を何とか確保しますが，銀行は破たんしてしまいます。これは，右の利得行列のゲームで表すことができ，ナッシュ均衡は（引き出さない，引き出さない）と（引き出す，引き出す）の２つです。(引き出す，引き出す）の利得（2，2）は，(引き出さない，引き出さない）の利得（10，10）へと，両者の利得を増大させることができます。つまり，「**パレート改善可能**」ですので，パレート最適でない，非効率的な配分です。他方，(10，10）は，もはやパレート改善の余地がない（パレート改善不可能な）状態ですので，**パレート最適**な配分です。つまり，(引き出さない，引き出さない）はパレート最適なナッシュ均衡，(引き出す，引き出す）は非効率的なナッシュ均衡で，「取り付け現象」に相当します。このゲームは「行動の調整」が重要であることを表しており，「行動の調整」に成功すれば，パレート効率的なナッシュ均衡を達成できますが，「調整に失敗」すると，非効率的なナッシュ均衡に陥ってしまうのです。

調整ゲームの利得行列

預金者A＼預金者B	引き出さない	引き出す
引き出さない	（10，10）	（0，4）
引き出す	（4，0）	（2，2）

括弧の左は大口預金者A，右は大口預金者Bの利得

歴史的事実　1923年関東大震災が起こり，多数の工場が倒壊・焼失し，産業界に大打撃となった。それとともに，金融機関も貸付債権が回収不能となり経営が悪化した。1927年，当時の蔵相の「某銀行が破綻した」との失言をきっかけに，預金者が預金の引き出しに殺到する「取り付け騒ぎ」が大規模に起こり，銀行の破たんが続出し，昭和金融恐慌へつながった。なぜ「取り付け」が均衡として起こってしまったのか。

ナッシュ均衡　（引き出さない，引き出さない）というパレート最適なナッシュ均衡と，（引き出す，引き出す）という非効率なナッシュ均衡の2つで，後者が「取り付け均衡」に相当する。大口預金者が「行動調整に失敗」し，非効率的なナッシュ均衡が生じてしまった状態。

政策　モラトリアム宣言は預金者の行動を「引き出さない」に調整する焦点（focal point）の役割を演じた。その後の「預金保険制度」の創出は，取り付けを生じさせないための制度的な「コミットメント」として解釈できる。

クールノー・ナッシュ均衡：連続変数のナッシュ均衡

ここでは，プレイヤーの戦略が，「自白」「黙秘」の2つというような「離散変数」ではなく，「連続変数」をとるゲームのナッシュ均衡を考えます。その典型例が「クールノー競争」です。

企業1と企業2が同質の製品を市場に供給し，生産量 q_1，q_2（ともに0以上の変数）で競争しています。このとき，財の価格は逆需要関数 $p=a-b(q_1+q_2)$，$a,b>0$ によって決まります。ここで a は，逆需要関数の切片で，価格 p が a 以上のときは需要が0になることを意味し，b は逆需要関数の傾きで，供給量が1単位増えると市場価格がどれだけ下落するかを表します。企業 $i=1,2$ の生産費用は同一で一定の限界費用 $c>0$ を持つ $C(q_i)=cq_i$ の形をしています。このとき，企業 i の利潤（利得）は $\Pi_i(q_1,q_2)=pq_i-cq_i=(a-b(q_1+q_2))q_i-cq_i$，$i=1,2$ となり，自分の生産量のみならず，相手の生産量にも依存する戦略的相互依存関係（「ゲーム」の特徴）を表しています。企業の戦略は生産量 $q_i\geq 0$ という連続変数ですが，ナッシュ均衡の求め方はこれまでと同じで，相手の戦略を所与とした「最適反応」を求めればよいのです。まず，右頁の**最適化の1階条件**より，相手の各戦略に対して自分の最適反応を対応させる「**最適反応関数**」を導出します。ナッシュ均衡は，両方の企業がお互いに相手の戦略を所与とした最適反応をとり合っている状態ですので，2つの**最適反応関数の交点**として求めることができます。クールノー競争の分析手法は，今後，この本のいくつかのトピックで出てきます。

「最適反応関数」を用いて分析する

企業1の利潤関数は

$$\Pi_1(q_1, q_2) = pq_1 - cq_1 = (a - b(q_1 + q_2))q_1 - cq_1$$

企業1は，企業2の生産量 q_2 を所与として，生産量 q_1 について最適化（＝利潤最大化）する。**最適化の1階条件**は，$a - 2bq_1 - bq_2 - c = 0$

よって，$q_1 = \frac{a-c}{2b} - \frac{q_2}{2}$ が得られるが，これは，企業2の生産量 q_2 に対する企業1の最適反応（Best Response）を表しており，企業1の「**最適反応関数**」と呼ばれる。同様に，企業2についても，**最適化の1階条件** $a - 2bq_2 - bq_1 - c = 0$ から，「**最適反応関数**」$q_2 = \frac{a-c}{2b} - \frac{q_1}{2}$ を得ることができる。ナッシュ均衡は，両企業が相手の戦略を所与とした最適反応をとり合っている状態なので，下図の2つの最適反応関数の交点として，（連立方程式の解として）求めることができる。

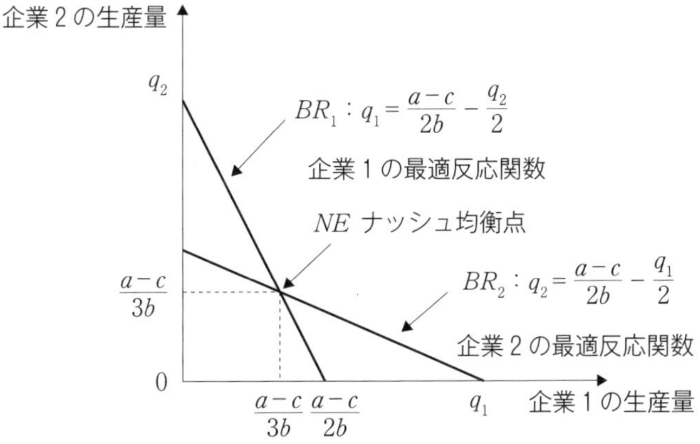

◎ナッシュ均衡 $NE\left(\frac{a-c}{3b}, \frac{a-c}{3b}\right)$

自分が得をし相手が損をする

自分が勝った分だけ
相手が損をするゼロサムゲーム

〈GAME 2-4〉では，勝者を目指しAもBも値下げを行うと両者共倒れとなることがわかりました。

その一方で，「自分が得をした分だけ，相手は損をする」というゲームもあります。じゃんけんや硬貨合わせ（マッチング・ペニー）ゲーム（p. 56参照）などがそのよい例です。これは，一定の利得をプレイヤーが奪い合うものです。自分の利得と相手の利得は表裏一体で，（プレイヤーAの利得）＝−（プレイヤーBの利得）となります。つまり各プレイヤーの利得を合計すると常に「0」になります。このような純粋な利害対立のゲームを，**ゼロサムゲーム**（**ゼロ和ゲーム**）といいます。

反対に，自分の利益が必ずしも相手の損失にならず，両者がともに得をしたり損をしたりするゲームを**非ゼロサムゲーム**（**非ゼロ和ゲーム**）といいます。たとえば囚人のジレンマでは，〈GAME 2-3〉のように両者が支配戦略「自白」をとります。その結果得られる利得（ともに−8）は両者が協力したときの利得（ともに−1）よりも少ないのです。逆に，両者が協力することにより，お互いに利益を得ることができるプラスサムの状況といえます。つまり，囚人のジレンマは，利害対立と協力の可能性が混在する非ゼロサムゲームなのです。

一定の利得を奪い合う

ゼロサムゲームとは

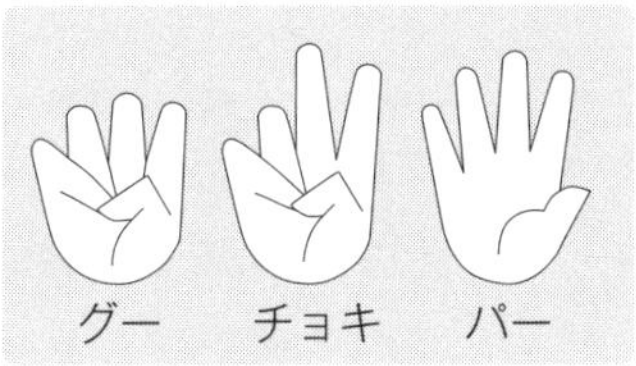

じゃんけん

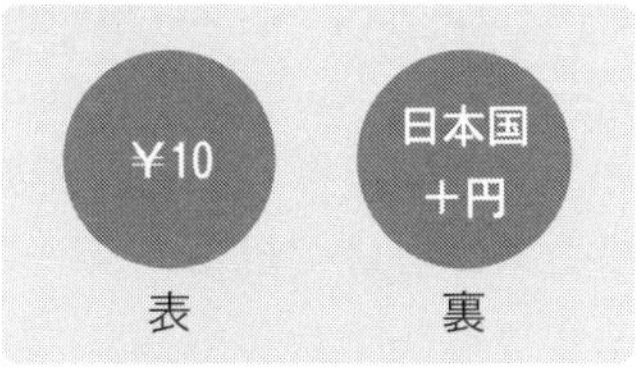

硬貨合わせゲーム

自分が得をした分だけ相手が損をする

（プレイヤーＡの利得）＝ −（プレイヤーＢの利得）

プレイヤーＡとＢの利得の合計は常に０

॥

ゼロサムゲーム

非ゼロサムゲームとは

自分の利得と相手の利得の合計が
一定値にならないもの

自分と相手が支配戦略をとった結果，得られる利得が「ともに」減少してしまう。協力すれば利得が「ともに」増加する。

最小の利得を最大化する
マックスミニ戦略

プレイヤーの目的が，相手の戦略を所与として自分の利得を最大にする戦略を選ぶわけではないケースも存在します。**マックスミニ戦略**は，何とかして最悪の結果を避けるという考え方に基づく戦略で，具体的には，自分の選びうる各戦略に対して，相手の行動によって生じうる最悪の場合（最小の利得）を想定し，その最悪の場合（最小の利得）の中で自分にとって最善の状態（最大の利得）をもたらす戦略を選びます。これは，保証水準の最大化を意図した保守的な戦略です。

ただし，ゼロサムゲームでは，自分の利得が増加すればその分だけ相手の利得が減少します。したがって，プレイヤーは自分の戦略に対して相手が最小（最悪）の利得を与える戦略を選ぶと考えます。そして，少ない利得を最大にする方法を考えることが妥当であり，重要になります。これが**マックスミニ戦略**です。

ここで，空腹のＡとＢが１枚のピザを切り分ける場面を想定しましょう。このとき，ピザを切るのはＡ，先に選ぶのはＢとします。ただし，完全な二等分は無理で，ほんの少しだけ大きさが偏ると仮定します。Ａは片方を大きく切ってしまうと，その分は先にＢにとられてしまいます。

したがって小さなピザをとるＡは，自分の取り分をなるべく大きくできるように，同じ大きさに切ろうと考えます（**最小利得の最大化**）。このときのＡの戦略が，マックスミニ戦略です。

最小の利得を最大化する

マックスミニ戦略とは

マックスミニ戦略　相手は自分の利得を最小にする行動に出ると考え，その自分の最小利得を最大化する戦略のこと

プレイヤーＡの場合

①ＢがＡの利得を最も小さくする戦略をとると考える（ミニ）
②Ａの最小の利得を最大化する戦略を選ぶ（マックス）

マックスミニ戦略

ピザを２人で切り分ける

- Ａ，Ｂは空腹
- Ａが切り，Ｂが先に選択

Ａは必ず大きい方をとられてしまうが，小さい方でも最大限の利得を目指して二等分に近づける　＝　**マックスミニ戦略**

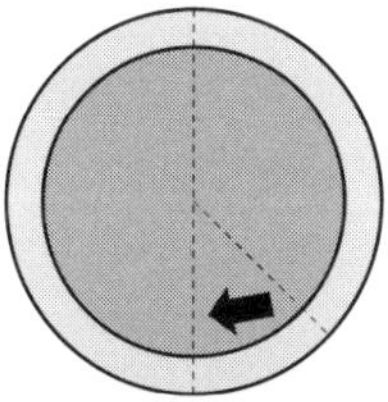

支配戦略やナッシュ均衡がないゲーム

硬貨合わせゲーム①
混合戦略とは

ここでは，〈GAME 2-7〉 硬貨合わせ（マッチング・ペニー）ゲームを用いて**混合戦略**を考えていきます。

2人のプレイヤーAとBが，10円玉を使って次のようなゲームをします。2人は10円玉の表か裏のどちらかを，両者同時にテーブルの上に置きます。このとき，表，裏など互いに違う面が出たらAの勝ちで，Bから10円をもらえます。反対に，同じ面が出たらBの勝ちで，Aから10円をもらえます。

利得行列は，右表のようになります。それぞれまったく平等，対称な条件のため，支配戦略はおろか最適な戦略の組み合わせであるナッシュ均衡すら存在していないことがわかります。このような場合には，相手に出す面のパターン（表を連続して出すなど）を読まれないように確率的に表・裏を決定していく戦略をとることが解となります。

このように，戦略を1つに固定せず，確率にまかせてランダムに手を決定していく戦略を**混合戦略**といいます。一方，表なら表，裏なら裏と，1つの戦略を確実に選ぶことを**純粋戦略**といいます。

硬貨合わせゲームと混合戦略

ナッシュ均衡の存在しないゲーム

〈GAME 2-7〉硬貨合わせゲーム

A，Bは10円の表か裏のどちらを上にするかを決めておき，同時にテーブルの上に置く。

●違う面が出る ➡ Aの勝ち
●同じ面が出る ➡ Bの勝ち

A＼B	表	裏
表	（−10，　10）	（　10，−10）
裏	（　10，−10）	（−10，　10）

混合戦略とは

硬貨合わせゲームには**支配戦略**や，
ナッシュ均衡は存在しない

⬇

自分が有利になるには，相手に自分が出す面を
予測されないよう確率的に決定するのがよい

⬇

混合戦略　戦略を１つに固定せず
確率的に決定していくこと

期待利得が常にゼロになる

硬貨合わせゲーム②
混合戦略のナッシュ均衡

〈GAME 2-7〉の硬貨合わせゲームでは，プレイヤーはどのような戦略を選択するべきでしょうか。

Aが表を選ぶ確率を *Sa*，Bが表を選ぶ確率は *Sb* とします。プレイヤーは表と裏を確率的に決めるので，確率と利得をかけることで，どのくらいの期待値で利得が得られるかという**期待利得**を計算することができます（右図参照）。

このとき，自分が表と裏を選ぶ確率を変更しても，自分の期待利得が変わらない状態を考えます。つまり，Bからしてみれば，Aが表を出したときの期待利得と，裏を出したときの期待利得が同じになるような確率で戦略 *Sb* を選択するのです。これを計算すると右のように $Sb=0.5$ で，このときは *Sa* の値が何であってもAの期待利得は常に0となります。同様に，Aの混合戦略 $Sa=0.5$ に対しては，*Sb* の値が何であってもBの期待利得は常に0となります。したがって，この $Sa=Sb=0.5$ は，お互いに相手の戦略への最適反応となっており，**混合戦略のナッシュ均衡**となります。硬貨合わせゲームには純粋戦略ナッシュ均衡は存在せず，混合戦略ナッシュ均衡のみが1つ存在することになるのです。

また，p. 36の冒頭に記したとおり，純粋戦略ではナッシュ均衡が存在しなくても，戦略の範囲を混合戦略にまで拡張すれば，ナッシュ均衡は必ず存在するというナッシュの定理も確認できました。

期待利得と混合戦略のナッシュ均衡

硬貨合わせゲームの混合戦略

プレイヤーA	「表」を出す確率	Sa
	「裏」を出す確率	$1-Sa$
プレイヤーB	「表」を出す確率	Sb
	「裏」を出す確率	$1-Sb$

期待利得 **＝確率×利得　の和**

混合戦略均衡の求め方

● A が「表」を出したときの A の期待利得

$$\underline{Sb\times -10}+\underline{(1-Sb)\times 10} \quad ①$$

B が表のときの　B が裏のときの
期待利得　　　　期待利得

● A が「裏」を出したときの A の期待利得

$$Sb\times 10+(1-Sb)\times -10 \quad ②$$

混合戦略均衡が成立するには A の「表」と「裏」の期待利得が等しくなる必要があるので，①＝②より

$$Sb\times -10+(1-Sb)\times 10$$
$$=Sb\times 10+(1-Sb)\times -10 \quad ③$$

混合戦略のナッシュ均衡　③より B は $\underline{\underline{Sb=0.5}}$
同様に A は $\underline{\underline{Sa=0.5}}$

混合戦略のナッシュ均衡③ チキンゲーム

〈GAME 2-6〉のチキンゲームには，純粋戦略では2つのナッシュ均衡がありました（(A回避，B直進)（A直進，B回避)）。このゲームにはもう1つ，混合戦略でのナッシュ均衡があります。ここでは，混合戦略とは「**戦略的不確実性**」を表す概念，すなわち，相手の戦略の選択を確率的にしか読めない状態と考えます。こうした戦略的不確実性下でのナッシュ均衡はどのようになるでしょうか。

いま，Bが「回避」を選ぶ確率はSbであり，「直進」を選ぶ確率は$1-Sb$であるとAは予想するとします。Aが「回避」を選ぶとき，Bの2つの戦略の選択確率とそのときのAの利得を掛けて合計することで，「回避」を選ぶときの**期待利得**を計算することができます。Aが「直進」を選ぶときの**期待利得**も同様に計算できます（右頁の①②参照）。

このとき，Aが「回避」と「直進」を選ぶ確率を変更しても期待利得が変わらない状態を考えます。つまりBは，Aが「回避」を選んだときの期待利得と「直進」を選んだときの期待利得が同じになる（①＝②）確率で戦略を選択するのです。これを計算すると右のように$Sb=2/3$で，このとき，Saの値が何であってもAの期待利得は常に$-5/3$となります。同様に，Aの混合戦略$Sa=2/3$に対しては，Sbの値が何であってもBの期待利得は常に等しく$-5/3$となります。この$Sa=Sb=2/3$は，お互いに相手の戦略への最適反応となっており，**混合戦略ナッシュ均衡**となります（均衡で戦略的不確実性が発生）。

チキンゲームの混合戦略ナッシュ均衡

〈GAME 2-6〉チキンゲーム

A ＼ B	回避	直進
回避	（0,　0）	（−5,　5）
直進	（5, −5）	（−15, −15）

プレイヤー A	「回避」を選ぶ確率 「直進」を選ぶ確率	Sa $1-Sa$
プレイヤー B	「回避」を選ぶ確率 「直進」を選ぶ確率	Sb $1-Sb$

混合戦略均衡の導出

● A が「回避」を選ぶときの A の期待利得

$\underline{Sb\times 0}+\underline{(1-Sb)\times -5}$ ――――――――― ①

（$Sb\times 0$：B が回避のときの期待利得　$(1-Sb)\times -5$：B が直進のときの期待利得）

● A が「直進」を選ぶときの A の期待利得

$Sb\times 5+(1-Sb)\times -15$ ――――――――― ②

混合戦略均衡が成立するには，A の「回避」と「直進」の期待利得が等しくなる必要があるので，①＝②より

$(1-Sb)\times -5=Sb\times 5+(1-Sb)\times -15$ ―― ③

③より $Sb=2/3$。B についても同様にして，$Sa=2/3$。

混合戦略のナッシュ均衡　$Sa=Sb=2/3$

混合戦略のナッシュ均衡④ 投資家間の協調ゲーム

〈GAME 2-8〉は国債購入に関する投資家間の協調ゲームです。みんなが国債を購入すれば，投資家は国債購入により利得2を得ることができますが，みんなが国債を売ってしまえば，国は借金を払えなくなり，債務不履行となるため，そのとき国債を買うと−2という損失を被る状況を表しています。2010年のギリシャ財政危機に際し，多くの投資家がギリシャ国債を売却して国債価格が大暴落，国債金利が急上昇した状況も，この協調ゲームのお話です。

このゲームには，（A購入，B購入）（A購入せず，B購入せず）の2つの純粋戦略ナッシュ均衡がありますが，もう1つ，混合戦略ナッシュ均衡があります。いま，投資家Bが（または投資家全体で）「購入」を選ぶ確率（割合）はSbであり，「購入せず」を選ぶ確率（割合）は$1-Sb$であると投資家Aが予想するとします。そして，Aが「購入」を選ぶときと「購入せず」を選ぶときの期待利得を計算します（右頁の①②参照）。このとき，Aが「購入」しても「購入せず」とも期待利得が同じ（①＝②）状態を考えます。計算すると$Sb=1/2$で，このときSaの値が何であってもAの期待利得は常に0となります。同様に，$Sa=1/2$に対しては，Bの期待利得は常に0となります。この$Sa=Sb=1/2$は，お互いに相手の戦略への最適反応であり，混合戦略でのナッシュ均衡です。さらにいえば，①と②を比べて，投資家の半分以上が国債を購入すると予想されれば，個々の投資家にとって国債購入が最適であり（①≥②），半分以上が売ると予想されれば，売ってしまうのが最適となる（①≤②）のです。

協調ゲームの混合戦略ナッシュ均衡

〈GAME 2-8〉協調ゲーム

A＼B	購入	購入せず
購入	（2,　2）	（−2,　0）
購入せず	（0, −2）	（　0,　0）

プレイヤーA	「購入」を選ぶ確率　Sa 「購入せず」を選ぶ確率　$1-Sa$
プレイヤーB	「購入」を選ぶ確率　Sb 「購入せず」を選ぶ確率　$1-Sb$

混合戦略均衡の導出

●Ａが「購入」を選ぶときのＡの期待利得

$Sb\times 2+(1-Sb)\times -2$ ―――― ①

Ｂが購入のときの期待利得　Ｂが購入せずのときの期待利得

●Ａが「購入せず」を選ぶときのＡの期待利得

$Sb\times 0+(1-Sb)\times 0$ ―――― ②

混合戦略均衡が成立するには，Ａの「購入」と「購入せず」の期待利得が等しくなる必要があるので，①＝②より

$Sb\times 2+(1-Sb)\times -2=0$ ―――― ③

③より $Sb=1/2$。同様に $Sa=1/2$。

混合戦略のナッシュ均衡　$Sa=Sb=1/2$

Column

ジョン・F・ナッシュとナッシュ均衡

統合失調症を患いながらもノーベル経済学賞を受賞したジョン・F・ナッシュの半生は，『ビューティフル・マインド』（2001年）として映画化されました。この映画はアカデミー賞を受賞するなどして，彼の名前とゲーム理論を一躍一般社会に知らしめることになりました。

彼の名前を冠した「ナッシュ均衡」は，経済学に大きな影響を与えました。シンプルですが，それゆえに多くの経済分析においてその有効性が確かめられていったのです。しかし，プレイヤーの合理的な意思決定を考えていた若かりし頃のナッシュは，しだいに幻覚に悩まされ奇行をくり返すなど，非合理的な精神の病に冒されていきました。この皮肉な悲劇は，彼の人生に大きな影を落とします。しかし，それゆえに奇跡的な回復とノーベル経済学賞受賞は大きな話題となりえたのです。

Column

「ケインズの美人投票」と「美人投票ゲーム」

ケインズ（1883 ～ 1946 年）は，1929 年に始まる世界恐慌に対して，原因は「有効需要の不足」にあり，政府が公共投資を拡大して「有効需要」を創出すれば失業を解消できると論じ，『雇用・利子および貨幣の一般理論』（1936 年）を著して，「マクロ経済学」の創始者となった高名な学者です。

さて，そのケインズが生きた 1930 年代のイギリスでは，新聞などで「美人投票コンテスト」が行われていました。これは，投票者が女性 100 人の写真の中から最も美しいと思う 6 人を選び，その選択が投票者全員の平均的な好みに最も近かった人に，賞金が与えられるという新聞紙上の投票です。この「美人投票」では，各投票者それぞれが個人的に美しいと思う（いわば AKB 総選挙のように「推しメン」の）女性を選ぶのではなく，他の投票者の多くが美しいと思うと予測される女性を選択しないといけません。しかも，どの投票者もすべてこうした見方でこの問題を考え，他の投票者の動きを眺めているのです。つまり，他のプレーヤー（投票者）の戦略（投票リスト）を読みながら，自分の最適な戦略（投票リスト）を決めなくてはならないという点で，まさにゲーム理論的な状況です。ケインズは，株式市場への投資が，この「美人投票」に類似していることを指摘しました。投資家は，他の投資家たち（市場）が，どの株を評価し，購入するかを読み，先んじて株価が低いうちにその株を購入しておいて，他の投資家が実際に読み通り購入すれば，株価が上がって大きなキャピタルゲインが得られるからです。ケインズの「美人投票」にゲーム理論の考え方が入っていることも面白いですし，実際に（AKB メンバー表を使って）「美人投票ゲーム」をクラスで実験してみることも，「相手の行動を読む」というゲーム理論独特の考え方を実際に体験できて，学生には面白いのではと思います。

第 3 章

逐次手番ゲーム：時間を通じたゲーム

プレイヤーが交互に行動する

逐次手番ゲームによる
テレビ局の視聴者獲得競争

この章では，プレイヤーが先手，後手と交互に行動する**逐次《ちくじ》手番《てばん》ゲーム**を解説します。これは，あるプレイヤーが動いたのちに他のプレイヤーが動くというような，時間の経過を伴うゲームです。同時手番ゲームで見た〈GAME 2-1〉視聴者獲得競争（p. 23 参照）を，逐次手番ゲームで表現してみます。まず，放送日を変更し，シーツー放送は金曜日，ブイスリーテレビはその 2 日後の日曜日の放送とします。特別番組のテーマ候補は「スポーツ」と「経済」で，どちらかの番組を必ず見る人が 100 万人，視聴者のうち「スポーツ」に興味を持つ人が 80 万人，「経済」に興味を持つ人が 20 万人です。

放送当日に新聞のテレビ番組欄に掲載されるため，視聴者は番組の内容を知ることができます。両放送局が異なる番組を放送した場合には，興味を持つ視聴者はすべて獲得可能です。両放送局が「スポーツ」を選んだ場合にはシーツーは 65 万人，ブイスリーは 15 万人，「経済」を選んだ場合にはシーツーは 15 万人，ブイスリーは 5 万人の視聴者を獲得します。2 つの放送局はどちらの特集を選択すべきでしょうか。なお予算上，各局とも特別番組を 1 つのみ放送するものとします。

視聴者獲得競争の逐次手番ゲーム

逐次手番ゲームで視聴者獲得競争を表現

〈GAME 3-1〉視聴者獲得競争　逐次手番ゲーム

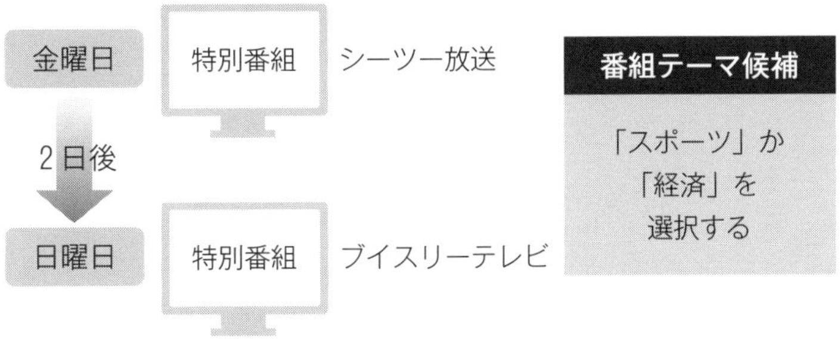

ブイスリーテレビは，シーツー放送の内容を見て，番組テーマをどちらにするか決めることができる。

逐次手番ゲーム

	獲得できる視聴者数	
両者がスポーツ	シーツー 65万人	ブイスリー 15万人
両者が経済	シーツー 15万人	ブイスリー 5万人
一方がスポーツ， もう一方が経済	スポーツを選んだ局 80万人	経済を選んだ局 20万人

ゲームの木の見方

点と枝による「ゲームの木」で展開形ゲームを表現する

逐次手番ゲームは，時系列に沿って点と枝で構成される**ゲームの木**で表現できます。この形で表現できるゲームを**展開形《てんかいがた》ゲーム**といいます。

丸記号で表された点はプレイヤーが戦略を選択する**意思決定点（意思決定ノード）**で，枝はその選択肢です。最も左の意思決定点（初期点）に記されているプレイヤーが最初に行動し，ここから伸びた複数の枝にはそれぞれ選択肢の内容が書かれています。

では，右図を見てみましょう。初期点はシーツーで，スポーツか経済のどちらかを選択します。そこから枝が伸び，次にブイスリーが意思決定を行います。各意思決定点でのブイスリーの選択肢は，同様に，スポーツか経済で，枝が終点に向かって伸びています。終点には，シーツーとブイスリーの**利得**がそれぞれ記されています。

このようなゲームの木で逐次手番ゲームを図式化することで，後で述べる**先読み**を使って戦略を考えることが容易となり，同様に**バックワードインダクション**という手法を使ってゲームを簡単に解くことができます。

ゲームの木で逐次手番ゲームを表現する

ゲームの木の仕組み

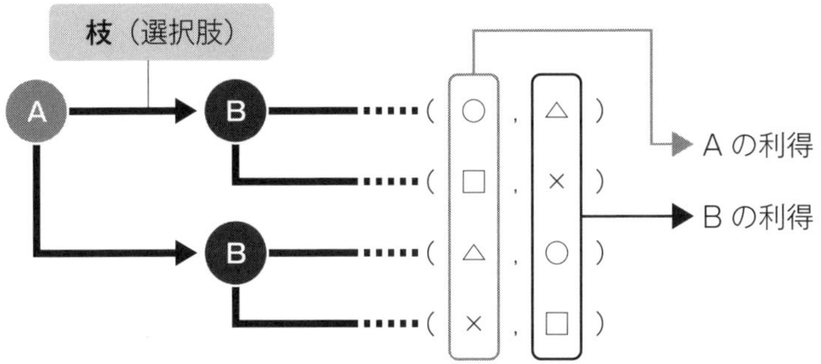

初期点
（最初に行動するプレイヤー）

意思決定点
（プレイヤーの行動決定の場）

この形で表されたゲームを**展開形ゲーム**という

視聴者獲得競争を「ゲームの木」で表現

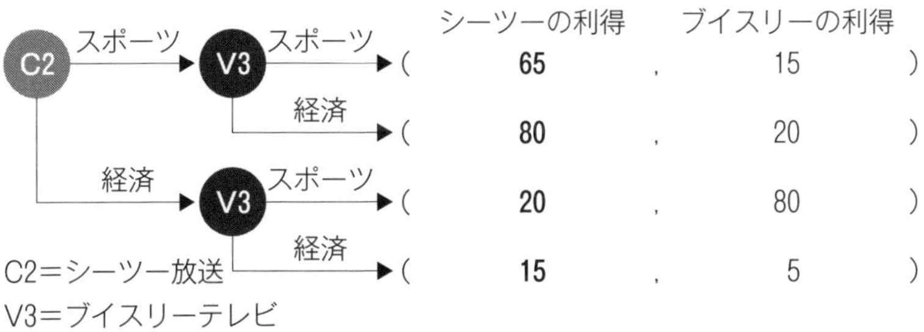

図式化することで**先読み**の戦略が容易になる

ゲームの木の使い方

「ゲームの木」を使って逐次手番ゲームを解く

逐次手番ゲームはプレイヤーが順番に行動するので，先の行動者を**先《せん》手《て》**，後の行動者を**後《ご》手《て》**といいます。ゲームの解き方は同時手番ゲーム（p. 24参照）と同じく，各プレイヤーの立場でその利得が最大となる戦略を考えます。

逐次手番ゲームは時間の流れが入ったゲームですので，後手のプレイヤーは，先手のプレイヤーの出方を見て判断する，すなわち，意思決定する各時点において，観察した情報（この場合，先手の戦略）に基づいて，どう行動するかを決めることになります。具体的には，シーツーが「スポーツ」を選択するとブイスリーは「経済」，シーツーが「経済」を選択するとブイスリーは「スポーツ」と，いずれも**自分の利得が最大となる戦略**をとるのが最適です。このとき，先手のシーツーの利得は前者で80，後者で20です。

シーツー（先手）は，自分のそれぞれの戦略に対するブイスリー（後手）の最適戦略，すなわち**最適反応**を合理的に読み込んで（先読み），初期点において自分の最適戦略を考えます。この場合，先手のシーツーは自分の利得の大きな「スポーツ」（利得80）を選ぶのが最適な戦略となります。なお，各プレイヤーがどの戦略を選択するかという結果の経路が太線です。これにより，各意思決定点における選択を明確に表します。

ゲームの木を使って交互ゲームを解く

後手のブイスリーから考える

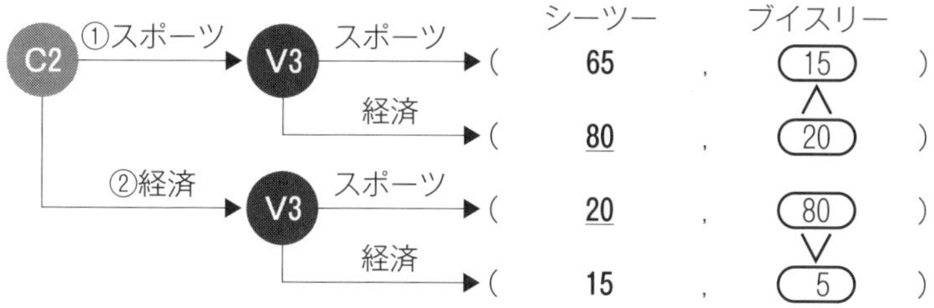

①シーツー=「スポーツ」 ➡ ブイスリー=「経済」

②シーツー=「経済」 ➡ ブイスリー=「スポーツ」

ブイスリーの最適反応を見通して，
シーツーは「スポーツ」を選ぶ

逐次手番ゲームでは結果の経路を示す

結果の経路　各プレイヤーの最適戦略を
太線でつないだもの

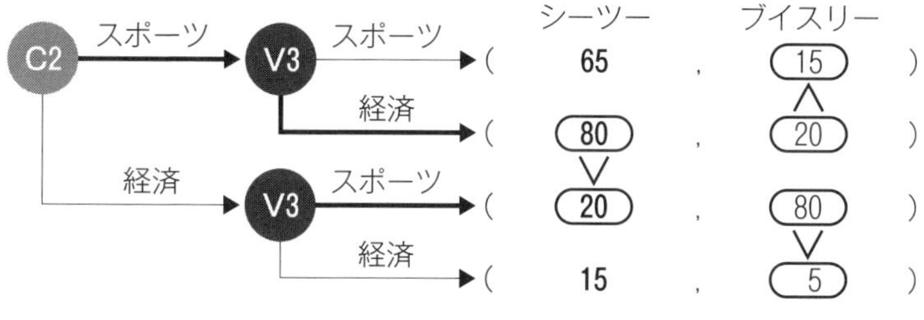

各プレイヤーがすべての意思決定点で
何を選択するべきかを明らかにする

ゲームを後ろから解く

バックワードインダクションと部分ゲーム完全均衡

前項で見たように，逐次手番ゲームの場合には最後の意思決定点にあるプレイヤーの戦略からさかのぼって考えることが重要です。これを**バックワードインダクション（先読み）**といいます。最後の意思決定点のプレイヤーの利得が最大になる選択肢を選び，ゲームの木に太線を書き入れます。次に，その１つ前の意思決定点で同じように最適の選択肢を考え，これを始めの意思決定点までくり返していきます。これが同時手番ゲームとの違いで，逐次手番ゲームは最後の意思決定点から前へと，**後ろ向きに解いていく**のです。

このゲームには右下の図のように３つの「**部分ゲーム**」が存在します。他と切り離して，その部分だけを独立したゲームとして分析できるものを**部分ゲーム**と呼びます。そして，太線の経路を見ると，**どの部分ゲームでも最適な戦略が選ばれている**ことがわかります。これを「部分ゲーム完全均衡」と呼びます。「**部分ゲーム完全均衡**」は，ナッシュ均衡を精緻化したもので，1994 年に（ナッシュとともに）ノーベル経済学賞を受賞したゼルテンが考案した均衡概念です。バックワードインダクションの解は，部分ゲーム完全均衡と一致することになります。

バックワードインダクションと部分ゲーム完全均衡

バックワードインダクションとは

バックワードインダクション　最後の意思決定点から初期点にさかのぼる形で（ここでは①→②→③），後ろ向きにゲームを解いていくこと

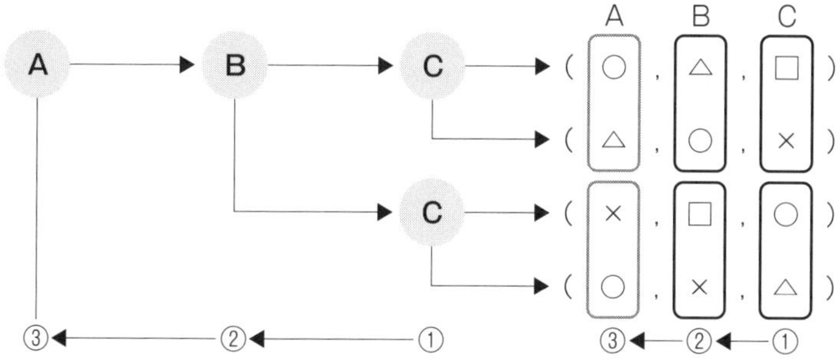

部分ゲームとは

部分ゲーム　その部分だけ独立して考えられるゲーム

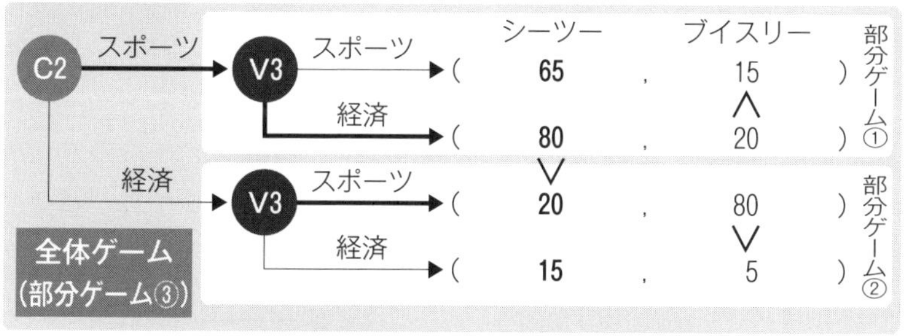

太線の経路は部分ゲーム完全均衡を示す

部分ゲーム完全均衡　すべての部分ゲームでナッシュ均衡となっているもの

部分ゲーム完全均衡とは

同時手番ゲームと逐次手番ゲームが混在したゲームの解き方

1つの全体ゲームの中に，同時手番ゲームと逐次手番ゲームがそれぞれ**部分ゲーム**として混在することがあります。〈GAME 2-5〉（p. 46参照）では，A，B両国が大気汚染の対策を講じれば各々17，1国のみだと対策国が0，非対策国は19，両国が非対策だとともに4の利得を得るとします。

ここでA，Bの周辺国は両国に対し（拘束力のある）国際協定を提案し，非対策国が10の罰金を相手国に支払うようルールを変更すると考えます。協定を結ぶか否かはA，Bの順番で決定する逐次手番ゲームで決まると考えます。

まずは最後の同時手番ゲームから解きます。右表の利得行列で解くと，両国が協定を結ぶことに合意した場合の部分ゲームでは，非対策国が10の罰金を相手国に支払うというルールの下でゲームが行われ，両国の支配戦略はともに「対策を講じる」となり，利得は（17，17）です。それ以外の部分ゲームでは，協定が適用されないため，両国の支配戦略はともに「対策を講じない」となり，利得は（4，4）です。次に，逐次手番ゲーム（協定を結ぶか否か）を解きます。右図のゲームの木で解くと，両国ともに利得の大きな「協定を結ぶ」を選択し，これが**部分ゲーム完全均衡**（バックワードインダクションの解）となります。

2009年にノーベル経済学賞を受賞した**オストロム**は，森林などの共有資源（コモンズ）のガバナンスについて，ゼルテンらと共同で，右頁の逐次的に契約を結ぶゲームを使って分析し，自主的な管理（当事者による自発的な解決）が有効な方法の1つであることを示しました。

同時ゲームと交互ゲームが混在したゲーム

大気汚染問題のルールを変更する

〈GAME 3-3〉〈GAME 2-5〉の大気汚染問題に協定を設ける

A＼B	対策する	対策しない
対策する	（17，17）	（0，19）
対策しない	（19，0）	（4，4）

協定を結べば，非対策国は，相手国に 10 の罰金を支払う

「対策しない」が2国の支配戦略

一方だけが対策

対策国　：0＋10＝10
非対策国：19−10＝9

ともに非対策

4−10＋10＝4

A＼B	対策する	対策しない
対策する	（17，17）	（10，9）
対策しない	（9，10）	（4，4）

「対策する」が2国の支配戦略

バックワードインダクションで解く

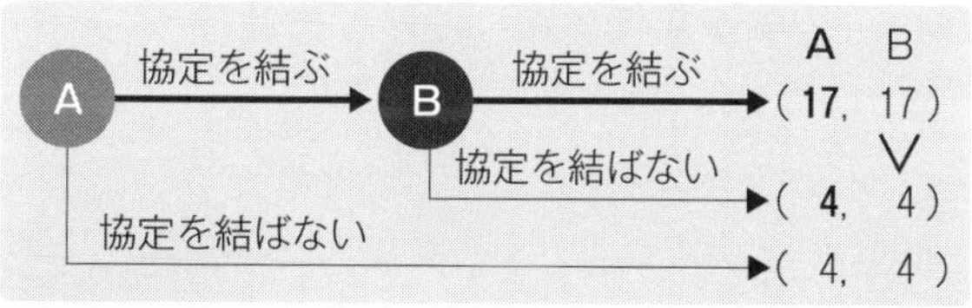

ゲームの解　両国とも協定を結ぶ。その上で両国とも「対策する」をプレイする。

部分ゲーム完全均衡　すべての部分ゲームでナッシュ均衡となっているもの

信憑性のない脅しと事後的な救済：身近な一コマと経済政策

さよ子と奈々の姉妹は2人暮らしをしています。食事は料理上手のさよ子が作りますが，彼女は奈々にも手伝ってほしいと思っています。奈々は料理が嫌いで，できれば手伝いたくないと思っています。2人の心理的な満足度は，右上の利得表で表されます。奈々が先手，さよ子が後手の順番でゲームをプレイする時の状況を「ゲームの木（ツリー）」を使って図示し，**「バックワードインダクション」**で解いてみます。すると，奈々が料理を手伝っても手伝わなくても，「料理を作る」のがさよ子の最適反応だとわかります。これを読み込んで，奈々は「どうせさよ子が作ってくれるから，手伝わなくてもいいや。」と「手伝わない」を選びます。

このゲームで，奈々を「中小企業」，さよ子を「政府」と置き換え，また，奈々の「料理を手伝う」を「長期的視点からの慎重な投資」，「手伝わない」を「目先の利益に走った無謀な投資」とし，さよ子の「料理を作る」を「中小企業が危機に陥ったときに助ける」，「料理を作らない」を「助けない」と読み換えます。この場合も，政府は，中小企業に長期的な視野に立って投資を行ってほしいと考えていますが，中小企業は政府の事後的な救済を読み込んで，無謀な投資に走ってしまうのです。これは，政府が事後的に救済しないことにコミットしていないと，民間企業から適切なインセンティブを引き出せないという，**ソフトバジェット問題**と呼ばれる問題です。

展開形ゲームと信憑性のない脅し

奈々＼さよ子	料理を作る	料理を作らない
料理を手伝う	（ 9，13）	（0，5）
手伝わない	（11，10）	（0，0）

括弧の左は奈々，右はさよ子の利得

ゲームの木（展開形ゲーム）で分析する

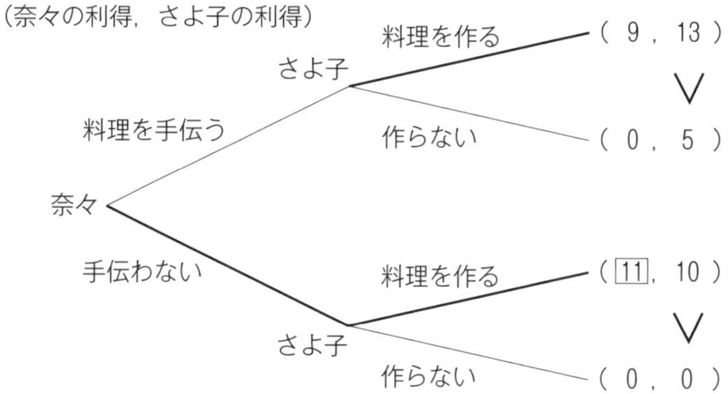

さよ子が「（手伝わなければ）料理を作らない」といっても，それはさよ子の最適反応ではなく，「**信憑性のない脅し（ハッタリ）**」に過ぎない。奈々は当然それを見破って，「手伝わない」を選ぶことになる。

3者による展開形ゲーム

チェーンストア・パラドックス①
新規出店の例

すざく堂は，地域ＡとＢで独占的に医薬品を販売しています。地域Ａにはライバル店のふじ堂が，そして地域Ｂには黒岸堂《くろきしどう》が出店を考えています。ただし，黒岸堂はふじ堂が戦略を選択した後で出店するか否かを決めます。また，両者が出店した場合に得られる利得はともに同じとします。このとき，ふじ堂と黒岸堂は（出店する／しない）のどちらを選択すればよいでしょうか。すざく堂は，両者もしくはどちらかが出店した場合，（阻止／共存）のどちらの対策をとるのがよいでしょうか。

すざく堂は，ふじ堂が「出店」しなければ独占販売が継続可能なので利得は10。ふじ堂が「出店」し，すざく堂が「阻止」すると，ふじ堂は出店コストが無駄になるため利得がマイナスとなります。

利得行列を見ると，すざく堂の（弱）支配戦略は「共存する」です。すざく堂は他の戦略「阻止する」をとっても，同じ（10）かそれ以下(3)の利得しか達成できないため，合理的ではありません。ふじ堂はすざく堂が「共存する」と読み，「出店しない」よりも利得の大きい「出店する」を選択します。黒岸堂も同様です。以上がゲームの合理的な解となります。

出店と出店阻止のどちらが合理的か

チェーンストア・パラドックスを利得行列で解く

〈GAME 3-4〉 地域A，Bにおける新規出店

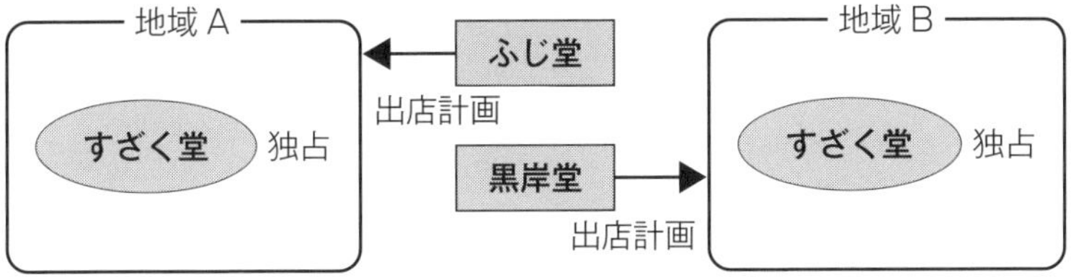

（単位：億円）

ふじ堂 ＼ すざく堂	出店する	出店しない
阻止する	（3，−5）	（10，0）
共存する	（7，4）	（10，0）

ゲームの解
ふじ堂　➡　「出店する」
すざく堂　➡　「共存する」

（単位：億円）

黒岸堂 ＼ すざく堂	出店する	出店しない
阻止する	（3，−5）	（10，0）
共存する	（7，4）	（10，0）

ゲームの解
黒岸堂　➡　「出店する」
すざく堂　➡　「共存する」

現実と部分ゲーム完全均衡の矛盾

チェーンストア・パラドックス②
最適戦略が現実と異なる

前頁の話を展開形ゲームで表したのが右図です。最後のゲームから**バックワードインダクション**で解くと，右図①のすざく堂はいずれも利得の大きい「共存」を選択，②の黒岸堂は「出店しない」と利得は0,「出店する」と①のすざく堂は「共存」を選ぶので利得は4，したがって「出店」を選択します。③のすざく堂はどちらを選択しても黒岸堂は「出店する」ため，利得の大きい「共存」を選択します。④のふじ堂は，「出店する」と③のすざく堂は「共存」し，②の黒岸堂は「出店」，①のすざく堂は「共存」で利得が4なので「出店」です。このようにふじ堂，黒岸堂は常に「出店する」，すざく堂は常に「共存する」を選ぶことが**部分ゲーム完全均衡**です。しかし現実には，店舗拡張や大幅値引きを行い他社の新規出店を「阻止」し利得を独り占めするケースがあります。これがゼルテンによる**チェーンストア・パラドックス**で，部分ゲーム完全均衡が現実とは異なる一例としてよく出されます。この例は，部分ゲーム完全均衡という，ゲーム理論の経済学への大きな貢献部分がなお残した課題を提起したともいえ，後述の行動経済学や進化的ゲーム理論などの新しい研究を刺激したきっかけとなったともいえます。

展開形ゲームを後ろ向きに解く

チェーンストア・パラドックスとは

ゲームを解く順番（バックワードインダクションで解く）（単位：億円）

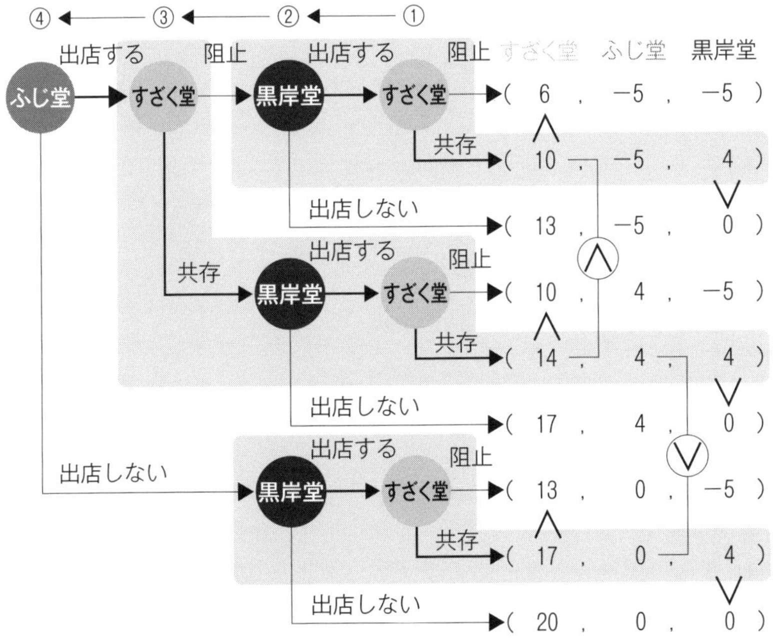

ゲームの解　ふじ堂，黒岸堂は「出店する」，すざく堂はすべて「共存」を選択

チェーンストア・パラドックス

部分ゲーム完全均衡の解が現実の出来事とは異なる一例。上の例ではすざく堂はすべて共存を選択するが，現実には新規出店を阻止して利得を独り占めにするケースがある。

信憑性のある脅し

「参入阻止」の展開形ゲームと「信憑性のある脅し」

既存企業が独占している市場に，新規企業が参入しようと企てる状況を考えます。既存企業は新規企業に参入して欲しくないので，「参入してきたら価格競争に打って出て撃退するぞ」と参入前に「**脅し（threat）**」をかけます。しかし，新規企業の方も合理的で十分に調査しているので，「その脅しは信憑性のないもので，いざ自分が参入すれば共存するのが最適なはずだ」と見抜き，参入してしまいます。これが（1）の点線で囲まれたゲームで，他と切り離して独立に分析できます。これを「部分ゲーム」といいます。この部分ゲームを後ろ向きに解いた解は，（共存，参入する）です。既存企業は，このままでは独占利潤10から共存利潤5への減益となるので対策を考えます。それが，事前にコストをかけて投資（店舗拡張など）を行い自らの競争力を増強しておくことです。この場合，投資をした後の（2）の「部分ゲーム」では，既存企業の「参入してきたら価格競争を通じて撃退するぞ」いう脅しは「**信憑性のある脅し（Credible threat）**」となっています。なぜなら，それは実際に最適な反応だからです。既存企業の事前投資を観察した参入企業は，参入しても既存企業と競争となり利益にならないことを見通して参入を諦めるという（競争，参入しない）が部分ゲーム（2）の均衡です。以上の（1）と（2）の均衡の結果を合理的に読み込んで，既存企業は投資を行って新規企業の参入を阻止し，10－4＝6の利潤を確保することになります。（なお，10－4＝6という式は，投資コスト4を負担して参入を阻止し，独占利潤10を得るので，ネットの利潤（利得）は10－4＝6になるという意味です。）

意味のある脅し　vs　意味のない脅し

参入阻止の展開形ゲーム

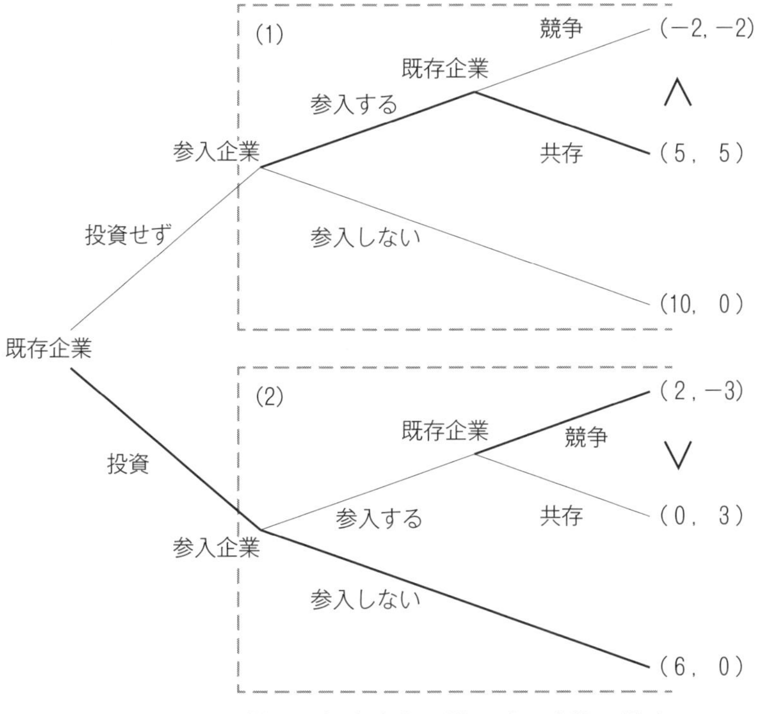

利得は（既存企業の利得，参入企業の利得）

既存企業の「競争」は部分ゲーム（1）では「**意味のない脅し**」，部分ゲーム（2）では「**意味のある脅し**」となっている。投資によって，競争を「信憑性のある脅し」に変え，新規企業の参入を阻止したわけである。このような先手（既存企業）の行為を「**コミットメント**」という。

シュタッケルベルク均衡：先手・後手の区別のあるゲームの解

第２章の同時手番ゲームで解説した「**クールノー競争**（寡占企業間の数量競争）」(pp. 50–51 参照）において，先手である企業１が最初に生産量 q_1 を決定し，次に後手である企業２が企業１の生産量 q_1 を観察した後で，自らの生産量 q_2 を決定する状況を考えます。市場の需要関数や企業の生産費用，企業の利潤（利得）関数は，「クールノー競争」のモデルと同じ設定であるとします。企業の戦略は，$q_i \geq 0$ 生産量という連続変数ですが，「**バックワードインダクション**」を用いて，**部分ゲーム完全均衡**を求める手順は同じです。

まず，先手企業１の戦略 q_1 を所与とした，後手企業２の「最適反応」を求めます。次に，先手企業１は，後手企業２の最適反応関数を読み込んで，自らの利潤が最大となるように生産量 q_1 を選びます。すると，右頁が示すとおり，シュタッケルベルク均衡では，先手企業１が自分の生産量を増やして，後手企業２の生産量を減らすことを通じて自分の利潤を高めようとする「**戦略的効果**」を考慮するため，クールノー・ナッシュ均衡と比べて，先手企業１の生産量は増加し，利潤も増加する，反対に後手企業２の生産量は減少し，利潤も減少することがわかります。前頁の用語を使えば，先手企業１は多めの生産量 $(a-c)/2b$（ここでは，独占生産量水準）にコミットメントすることを通じて，相手（後手企業2）の生産量を減らし $(a-c)/4b$，自分の利潤を増やすことに成功しているのです。

先手が後手の「最適反応」を読み込んで解く

「後ろ向き」に解く。企業１の生産量 q_1 に対する企業２の**最適反応**は，$q_2(q_1)=\frac{a-c}{2b}-\frac{q_1}{2}$ である。この企業２の最適反応関数 $q_2(q_1)$ を読み込んで，先手企業１は私的利潤の最大化を図る。利潤は，

$$\Pi_1(q_1, q_2(q_1))=pq_1-cq_1=(a-b(q_1+q_2(q_1)))q_1-cq_1$$

であり，利潤最大化の１階条件は，

$$\frac{d\Pi_1(q_1, q_2(q_1))}{dq_1}=(a-b(q_1+q_2(q_1)))-bq_1-\underbrace{b\frac{dq_2(q_1)}{dq_1}q_1}-c=0$$

特に，$-b\frac{dq_2(q_1)}{dq_1}q_1=\frac{b}{2}q_1>0$ の項は，企業１が戦略的に企業２の生産量を減らすことを通じて自らの利潤を増やそうとする「**戦略的効果**」を表している。$q_2(q_1)=\frac{a-c}{2b}-\frac{q_1}{2}$ を代入して具体的に解くと $q_1^*=\frac{a-c}{2b}$ となり，先手企業１の生産量は増加することがわかる。シュタッケルベルク均衡とナッシュ均衡を比較すると以下の図のとおりとなる。

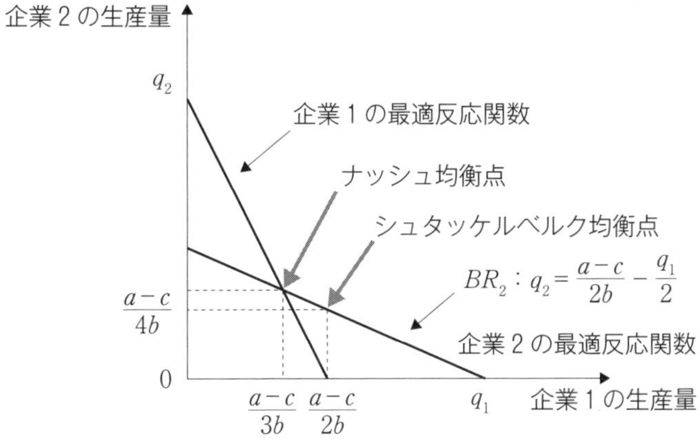

Column

自分を拘束するコミットメント

チキンゲーム（p. 46）は，なかなか結論の出ない問題です。しかし，背水の陣を敷くことでゲームを有利に進めようとする方法があります。それが**コミットメント**です。自分を拘束し相手に対して決意を宣言し，譲歩を引き出す戦略です。

その一例が，1962 年に起こったキューバ危機です。ソ連（現ロシア）が，キューバにアメリカ東部が射程内に入る核ミサイルの設置を始めました。この情報をつかんだアメリカのケネディ大統領はキューバの海上を封鎖して新規ミサイルの配備を阻止，臨戦態勢であることを示しました。結果としては，ソ連はアメリカがキューバに侵攻しないことを条件にミサイルを解体撤去し，核戦争は回避されました。ケネディ大統領の全面戦争をも辞さない**コミットメント**があったからこそ，ソ連から譲歩を引き出せたのです。

第 4 章

くり返しゲーム

有限回くり返しゲーム①
同じゲームを有限回繰り返す

あるゲームが1回だけで終わらずに，何回もくり返されるような場合があります。これを**くり返しゲーム**といいます。

〈GAME 2-5〉(pp. 44-45) で考えたA，B両国間での大気汚染対策を実行するか否かについての囚人のジレンマゲームは，右頁の利得行列（①または②，2つは同一のゲーム）によって表されます。この囚人のジレンマに対し，両国が（拘束力を伴う）国際協定を結んで，大気汚染対策を講じることができることは〈GAME 3-3〉(pp. 76-77) でも論じたとおりですが，その場合でも，2国が永久に協力し続けるとは限らず，一定期間で協定の見直しが必要になるかもしれません。このようなときには，**くり返しゲーム**を用いて問題を考えると，長期的なプレイヤー間の利害関係やインセンティブを明らかにすることができます。

〈GAME 4-1〉まずはA，B国がお互いに国際協定を結んでいない場合のくり返しゲームを考えてみましょう。これは2国間の囚人のジレンマとなり，このゲームを**2回くり返す**と仮定します。このようにくり返しの回数があらかじめ決まっているものを，**有限回くり返しゲーム**といいます。

次項ではこのゲームを逐次手番ゲームと同じように，バックワードインダクションで，後ろから解いていきます。

同じ段階ゲームを繰り返していく

くり返しゲームとは

くり返しゲーム　段階ゲームを何度も繰り返すこと。回数が決まっているものを有限回くり返しゲームという。

〈GAME 4-1〉〈GAME 2-5〉〈GAME 3-3〉の２回くり返しゲーム

国際協定を結んでいないA，B国間での２回くり返しゲーム

１回目

A＼B	対策	非対策
対策	（**17**，17）	（**0**，19）
非対策	（**19**，　0）	（**4**，　4）

２回目

A＼B	対策	非対策
対策	（**17**，17）	（**0**，19）
非対策	（**19**，　0）	（**4**，　4）

②

ゲームを解く順番

①

有限回くり返しゲームは，逐次手番ゲームと同じように
バックワードインダクションで後ろから解いていく

有限回くり返しゲーム②
囚人のジレンマは解決できるか？

それでは，〈GAME 4-1〉の大気汚染問題の2回くり返しゲームを考えていきましょう。最後である2回目のゲームから後ろ向きに解いていきます。

この問題に見られるような「囚人のジレンマ」ゲームは，1回のゲームの中で利得を最大にするようプレイヤーが戦略を考える同時手番ゲームです。したがって，最終回である2回目のゲームの利得が最大限になるよう戦略を考えた上で，1回目の戦略を考えればよいことがわかります。

まず，2回目のゲームでは，両国とも相手の戦略にかかわらず「非対策」が最適な戦略であるため，「対策を講じない」が支配戦略となり，均衡の利得はそれぞれ4となります。右表は，この結果を踏まえ第1回目のゲームの利得行列に反映させてあります。これをもとに2国の戦略を考えると，やはり2回目と同じ結果（両国とも「対策を講じない」が支配戦略となる支配戦略均衡）となります。このように2回くり返しゲームをバックワードインダクションで解いた場合，2回とも**両国が対策を講じない**結果となり，囚人のジレンマの状態は解決できません。

一般化して，**囚人のジレンマの有限回くり返しゲーム**の**部分ゲーム完全均衡**は，段階ゲーム（1回限りの囚人のジレンマゲーム）の**非効率的な支配戦略均衡を毎回繰り返す**こととなります。

くり返しゲームを後ろから解く

2回くり返しゲームを解く

● **2回目の利得行列**

A ＼ B	対策	非対策
対策	（17，17）	（0，19）
非対策	（19，0）	（4，4）

➡ 両国とも「対策を講じない(非対策)」が支配戦略

➡ ただ乗り(フリーライダー)問題（p. 212 参照）の発生

● **2回目の最適選択を前提にした1回目の利得行列**

（1回目の利得行列に，2回目の利得4をそれぞれ足したもの）

A ＼ B	対策	非対策
対策	（21，21）	（4，23）
非対策	（23，4）	（8，8）

➡ 両国とも「対策を講じない(非対策)」が支配戦略

囚人のジレンマの**有限回くり返しゲーム**を
バックワードインダクションで解くと
すべて「対策を講じない」となり，**解決できない**

複数均衡があるケース

有限回くり返しゲーム③
段階ゲームに複数の均衡があるケース

実は，有限回くり返しゲームでも，囚人のジレンマを解決できる場合があります。右上図は先ほどの囚人のジレンマゲームに，第3の戦略(「小対策」) を導入した新しい段階ゲームで，(非対策，非対策) と (小対策，小対策) の**2つのナッシュ均衡が存在**しています。このゲームを2回くり返すとき，1期目は (対策，対策)，2期目は (小対策，小対策) という協調径路を部分ゲーム完全均衡としてプレイすることは可能でしょうか？　いま，『1期目は「対策」をプレイする。2期目は，1期目のプレイの結果が (対策,対策) ならば「小対策」をプレイし，それ以外ならば「非対策」をプレイする』という戦略を考えます。後ろ向きに解くと，まず2期目については，どの部分ゲームでもナッシュ均衡がプレイされます。両プレイヤーは，1期目の結果によって，2期目の均衡結果が異なることを知っており (利得差は13−4=9)，それを考えれば，1期目に「対策」をプレイすれば，17+13=30の合計利得を得られ，逸脱して19+4=23となるよりもベターです。よって，1期目も均衡戦略になりますから，**部分ゲーム完全均衡** (すべての部分ゲームでナッシュ均衡となっている状態) となります。

有限回くり返しゲームで協調可能な場合

段階ゲームに複数のナッシュ均衡があるケース

A＼B	対策	非対策	小対策
対策	(17, 17)	(0, 19)	(0, 0)
非対策	(19, 0)	(4, 4)	(0, 0)
小対策	(0, 0)	(0, 0)	(13, 13)

ポイント　1期目の結果に基づいて，2期目の均衡選択

1期目が（対策，対策）⇒2期目は（小対策，小対策）利得13
それ以外の場合⇒2期目は（非対策，非対策）利得4

● 2期目の均衡選択を前提にした1期目の利得行列

A＼B	対策	非対策	小対策
対策	(30, 30)	(4, 23)	(4, 4)
非対策	(23, 4)	(8, 8)	(4, 4)
小対策	(4, 4)	(4, 4)	(17, 17)

1期目に対策をプレイすると，17＋13＝30の利得，非対策に逸脱すると，19＋4＝23の利得で，30>23となり，対策が1期目の最適戦略となる。

有限回くり返しゲーム④
再交渉防止（Renegotiation-proof）

前回の『1期目のプレイが（対策，対策）ならば2期目は（小対策，小対策）をプレイ，それ以外は（非対策，非対策）をプレイ』という均衡選択を通じて1期目に（対策，対策）をプレイさせる戦略は，「**再交渉防止**」の基準を満たしていません。というのは，2期首の両者の話し合いによって，(4，4) という非効率な利得を生じるナッシュ均衡（非対策，非対策）から，(13，13) というお互いの利得を同時に改善する，**パレート改善**的なナッシュ均衡（小対策，小対策）へと再交渉されてしまうからです。すると，2期目はどのみち (13，13) が均衡利得となりますから，1期目に対策をプレイする誘因（インセンティブ）はなくなってしまいます。このとき，右図のように『1期目が（対策，対策）ならば，2期目は（小対策，小対策）をプレイ。もしA国が1期目に対策から逸脱したら2期目は（処罰，報酬）の (2，15) をプレイ。B国が逸脱したら2期目は（報酬，処罰）の (15，2) をプレイ。』という戦略は，2期目の均衡が**パレート改善不可能な非対称均衡**であるため「**再交渉防止**」を満たしています。このもとで両国は1期目に「対策」を選ぶ誘因（インセンティブ）を持つことになります。

再交渉防止な部分ゲーム完全均衡

A＼B	対策	非対策	小対策
対策	（17, 17）	（0, 19）	（0, 0）
非対策	（19, 0）	（4, 4）	（0, 0）
小対策	（0, 0）	（0, 0）	（13, 13）

◎2期首の話し合い：（4, 4）という非効率な利得のナッシュ均衡（非対策, 非対策）⇒（13, 13）というお互いの利得を改善するパレート改善可能なナッシュ均衡（小対策, 小対策）へと再交渉。⇒1期目に「対策」から逸脱することによる2期目の利得損失（13−4=9）は消失。⇒両国とも「対策」から逸脱。

A＼B	対策	非対策	小対策	処罰	報酬
対策	（17, 17）	（0, 19）	（0, 0）	（0, 0）	（0, 0）
非対策	（19, 0）	（4, 4）	（0, 0）	（0, 0）	（0, 0）
小対策	（0, 0）	（0, 0）	（13, 13）	（0, 0）	（0, 0）
報酬	（0, 0）	（0, 0）	（0, 0）	（15, 2）	（0, 0）
処罰	（0, 0）	（0, 0）	（0, 0）	（0, 0）	（2, 15）

◎「1期目が（対策 , 対策）ならば, 2期目は（13, 13）の均衡をプレイ。Aが逸脱したら2期目は（2, 15）の均衡をプレイ。Bが逸脱したら（15, 2）の均衡をプレイ。」という戦略は, 2期目の均衡がパレート改善不可能な非対称均衡であるため「再交渉防止」を満たす。両者は, 均衡に従うと合計利得17+13=30, 逸脱すると19+2=21より, 1期目に「対策」を選ぶインセンティブがある。

無限回くり返しゲーム①
トリガー戦略

際限なく長い期間同じゲームがくり返される**無限回くり返しゲーム**は，最終回のゲームが存在しないので，バックワードインダクションは使えません。

ここで，相手国が「対策を講じない」を選択するまでは「対策を講じる」を選択（利得ともに17）し，相手国が「対策を講じない」（利得は自分が0，相手が19）を選択したら，その次の回以降「対策を講じない」（利得ともに4）を選択するとします。このように相手のある行動（裏切り，逸脱）を契機（トリガー）に戦略を永遠に転換することを**トリガー戦略**と呼びます。

この戦略はA国が裏切った場合，A国の利得は19で，両国が対策を講じたときと比べ2だけ得をします。しかし，次回からはB国はずっと対策を講じなくなるため1ゲームにつき利得は4となり，17－4＝13だけ利得が減少してしまいます。したがって，目先の利得だけで対策を講じないと，裏切ったときの今期の得が将来の損を下回り，長い目で見て明らかに損をします。A国は，トリガー戦略を用いるB国から将来にわたり利得が減少する**報復の脅し**を受け，それを回避すべく「対策を講じる」のです。

無限回くり返しゲームを解く

囚人のジレンマを無限回くり返しゲームで考える

〈GAME 4-4〉〈GAME 3-3〉の大気汚染問題を無限にくり返す

①両国とも対策を講じた場合 A

A＼B	対策	非対策
対策	（17, 17）	（0, 19）
非対策	（19, 0）	（4, 4）

② A 国が裏切り，B 国のみ対策

A＼B	対策	非対策
対策	（17, 17）	（0, 19）
非対策	（19, 0）	（4, 4）

③ B 国も非対策

A＼B	対策	非対策
対策	（17, 17）	（0, 19）
非対策	（19, 0）	（4, 4）

①両国とも対策を講じる
　A，B 国の利得　各 17

②A 国が裏切り，B 国のみ対策
　A 国の利得＝19
　(①と比べて＋2 の得：逸脱の利益)
　B 国の利得＝0
　(①と比べて 17 の損)

③A 国の裏切りが**トリガー**（引き金）となり，以後 B 国も対策を講じない
　以降永遠に A，B 国の利得＝4

「目先の利益で戦略を考えると長い目で見て損をする」
➡囚人のジレンマからの脱却

トリガー戦略　相手のある行動（裏切り，逸脱）を契機（トリガー）に，戦略を「永遠の報復」に転換すること

無限回くり返しゲーム②
フォーク定理としっぺ返し戦略

無限回くり返しゲームでは，短期的な利益だけを追求する者は損をします。反対に考えれば，どちらかの国がトリガー（「対策を講じない」を選択すること）を引かなければ，ともに「対策を講じ」続け，利得を増やせる可能性もあるのです。囚人のジレンマの有限回くり返しゲームでは無理だった高い利得の追求が，無限回くり返しゲームにおいて可能になることを「**フォーク定理**」といいます。より正確には，無限回くり返しゲームの均衡で達成できる利得の範囲を残らずすべて特定化する，理論的成果です。

トリガー戦略のほかに，無限回くり返しゲームの戦略として，1回目は相手に協力し，以後は相手が前回とった戦略と同じ戦略を用いる**しっぺ返し戦略**（Tit-for-Tat）があります。トリガー戦略と異なるのは，非協力になっても，相手が再び協力してきたら自分も協力する点です。

この戦略は，政治学者のアクセルロッドが考案した，囚人のジレンマを1回の対戦で200回くり返すコンピューター・プログラムの大会で優勝しました。さまざまなアルゴリズムの総当たり戦において，総合的にこのシンプルな戦略が最も強いことが裏づけられたのです。

くり返しゲームでより大きな利得を目指

フォーク定理とは

短期的な利益だけを追うと損をする（〈GAME 3-2〉）

トリガーをお互いが引かなければ，
利得を増やせる可能性が出てくる

フォーク定理　有限回では無理だった利得の追求が無限回の反復を通じて可能になること

しっぺ返し戦略とは

しっぺ返し戦略　1回目は相手に協力し，2回目以降は相手の前回の戦略と同じものを選択する。おうむ返しともいう。

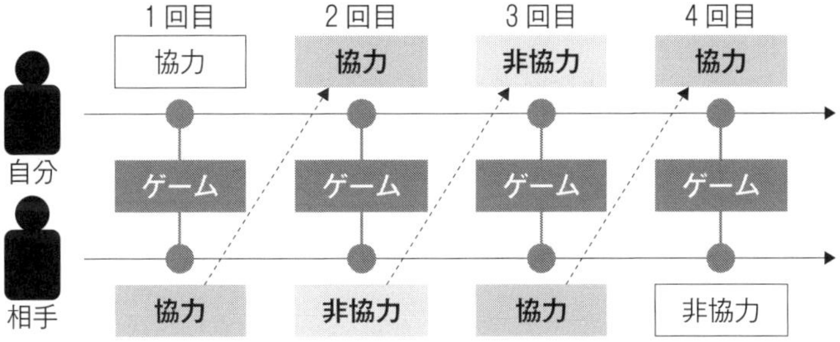

シンプルかつ総合的に最も強い戦略

グローバル・ガバナンス①

国際環境問題における インセンティブスキーム

「主権国家（Sovereign Nation）」は，「国益中心主義」の政府と政策を生みます。すなわち，国家間の利害調整問題では，右上の例が示すとおり，必ずしも全体の利益（地球益，グローバルな利益）が最大化される結果にはならず，「囚人のジレンマ」的な非効率な均衡に落ち込む可能性があります。

いま，開発途上国で急成長を遂げている2国（インドや中国など）間での環境対策を実行するか否かについてのゲームは，右頁の上表のようになるとします。このとき，両国は「非対策」を支配戦略として選んでしまいます（ナッシュ均衡でもあります）。

ここで，非対策国が7の罰金を相手国に払うような「強制力ある国際環境合意」を結べるとします。このもとでは，「環境対策の実行の組」をナッシュ均衡の1つとして実現させることが可能です。相手が「対策」をとる場合に，「非対策」へ逸脱することの逸脱利益は，11－5＝6であるため，罰金の額を7とすれば，逸脱の誘因11－5＝6を，強制的な罰金支払い7によって抑えることができ，（対策，対策）をナッシュ均衡として実現できるわけです。

ゲームの利得行列を用いて分析する

国際環境問題での国家間での利害調整問題

インド＼中国	対策	非対策
対策	（5，5）	（−13，11）
非対策	（11，−13）	（0，0）

両国が「非対策」を選ぶのが支配戦略均衡（ナッシュ均衡）

国際環境問題での国家間での利害調整問題

インド＼中国	対策	非対策
対策	（5，5）	（−13+7，11−7）
非対策	（11−7，−13+7）	（0，0）

（対策，対策）をナッシュ均衡として実現可能

グローバル・ガバナンス②

国際環境問題における自発的なコンプライアンス（約束の遵守）

現実には，国際環境問題において，強制力あるインセンティブスキームを設計し実施するような「世界政府」は存在しません。そこで，究極の強制力を欠きつつも，上手くインセンティブ（誘因）を組み込んで，各国にとって自発的なコンプライアンス（約束の遵守）が有利に働くような仕組みをつくることが重要となります。

まず，1回限りのゲームでは，両国は「非対策」を支配戦略として選んでしまいます（ナッシュ均衡でもあります）。

次に，無限回くり返しゲームを考えましょう。両国が右の「トリガー戦略」をとり合う場合，国家の「逸脱のインセンティブ（短期的利益）」は$11-5=6$,「長期的損失」は$\delta(5+5\delta+5\delta^2+\cdots)=\delta 5/(1-\delta)$（$\delta\in[0,1)$は将来利得の割引因子）ですので，$6\leq\delta 5/(1-\delta)\Leftrightarrow 6-6\delta\leq 5\delta$より，割引因子$\delta\geq 6/11\simeq 0.55$のとき，トリガー戦略を遵守することが最適となり，自発的なコンプライアンス，すなわち（対策，対策）の径路がナッシュ均衡において実現します。

（注）「長期的損失」の導出：毎期5の利得減で，1期経過すると利得はδ倍となるため，無限の将来にわたる毎期5の利得減の割引現在価値は$V=5+5\delta+5\delta^2+\cdots$と表せます。両辺$\delta$倍し，辺々引くと，$(1-\delta)V=5$となり，$V=5/(1-\delta)$が得られます。これを現在の時点で評価するため$\delta$倍し，長期的損失は$\delta 5/(1-\delta)$となります。

くり返しゲームを用いて分析する

1回限りのゲーム（ステージゲーム）

インド＼中国	対策	非対策
対策	（5，5）	（−13，11）
非対策	（11，−13）	（0，0）

くり返しゲーム（無限回くり返しゲーム）

トリガー（引き金）戦略（Trigger Strategy）：最初は協調し，2回目以降も自分と相手が協調する限り協調するが，一度でも一方が裏切ったら，それ以降は永久に協調しないという戦略。「引き金」戦略と呼ばれるのは，いずれかの国家の協調からの逸脱（＝裏切り）が，それ以降の永遠の非協調（非対策の永遠のくり返し）という報復（Retaliation）を招く引き金となるから。

＊各主権国のインセンティブ構造

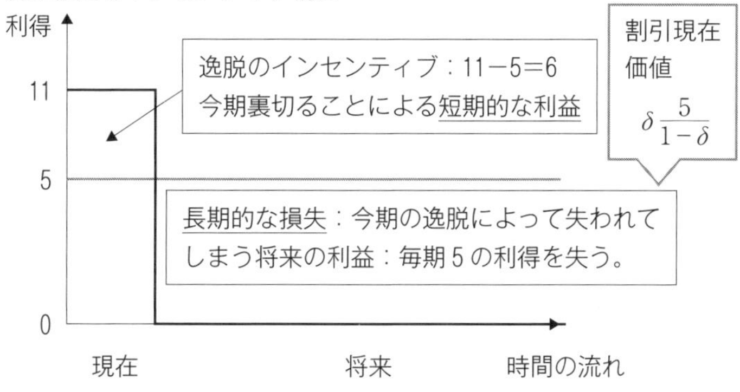

オストロムの森林資源の管理問題

共有資源の管理における協調行動（自発的な合意遵守の仕組み）

森林という共有資源をうまく管理するためには，過剰な木の伐採を避けなければなりませんが，他人が合意を遵守しているときに，自分だけ多めに伐って利益を得ようという**フリーライダー（ただ乗り）問題**が存在します（第9章 pp. 212-215 も参照）。実際，右頁上の利得行列では「遵守しない」で過剰に伐採するというのが各個人の**支配戦略**であり**個人合理的**な行動です。**オストロム**は，こうした共有資源の自主的管理（ガバナンス）の成功事例に関する実証研究を重ね，2009年にノーベル賞を受賞しました。

この文脈における協調行動を，くり返しゲームで考えてみましょう。まず，1回限りのゲームでは各人は「遵守しない」を支配戦略として選んでしまいます（ナッシュ均衡でもあります）。

次に，無限回くり返しゲームを考えます。**相手の「トリガー戦略」を所与**として，自分が裏切ったときの今期の利得は $8-5=3$，一方，裏切ると次の期からずっと各期の利得が $5-2=3$ だけ減るため，将来の損失の合計は $\delta(3+3\delta+3\delta^2+\cdots)=\delta 3/(1-\delta)$（$\delta\in[0, 1)$ は将来利得の割引因子）となります。よって $3\leq\delta 3/(1-\delta)$ より，割引因子 $\delta\geq 1/2$ のとき，**自分から裏切ったら損**で，**トリガー戦略に従うのが最適**となり，**協調行動**の**適切なインセンティブ**が生まれるのです。

森林資源の自主管理のくり返しゲームによる分析

1回限りのゲーム（囚人のジレンマ）

A ＼ B	遵守する	遵守しない
遵守する	5，5	1，8
遵守しない	8，1	2，2

くり返しゲーム（無限回くり返しゲーム）

トリガー（引き金）戦略（Trigger Strategy）：最初の期は協調（合意を遵守）する。次の期以降は，それまで全員が協調（遵守）してきたら，今期も協調（遵守）する。誰かが裏切ったら（合意を破ってフリーライドしたら），永久に裏切り続ける（合意を遵守しない）。

＊各主体のインセンティブ構造

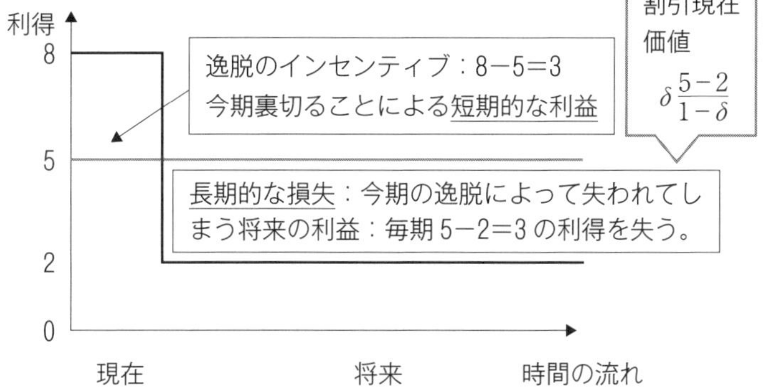

くり返しゲームの応用：貨幣信用の担い手としての国家

貨幣の信用の担い手としての国家：ゲームの均衡としての管理通貨制度

国民と国家が，次の順番で戦略を選ぶとします。T=1：国民が，国家発行の貨幣（不換紙幣）を信用するか否かを決めます。T=2：国家は，国民が貨幣（不換紙幣）を信用した場合に，貨幣価値を維持するか否かを決めます。国民が，国家の紙幣（不換紙幣）を信頼しない場合，ゲームは終了し両者0の利得を得ます。

1回限りのゲームの解は，国家は，国民が貨幣（不換紙幣）を信用した場合に機会主義的に振る舞い，貨幣価値の維持を行わない（予想外のインフレをおこして税収を得る）。国民は，国家の機会主義を予想し不換紙幣を貨幣として信用せず，管理通貨制度は機能しないというもので，右頁の上図の太字で表されます。

無限回くり返しゲームでは，国家と国民が右の「トリガー戦略」をとり合う場合，国家の「逸脱のインセンティブ（短期的利益）」は $15-10=5$ であり，「長期的損失」は $\delta\dfrac{10}{1-\delta}$（$\delta\in[0,1)$ は将来利得の割引因子）ですので，国家が自己強制的に「貨幣価値を維持する」誘因を持つのは，$5\leq\delta\dfrac{10}{1-\delta}\Leftrightarrow\delta\geq\dfrac{1}{3}$ のときです。このとき，国家は信頼するに足る国家だという期待を維持するインセンティブを持ち，それを所与として，国民も国家の不換紙幣を貨幣として信用します。すなわち，管理通貨制度が，くり返しゲームのナッシュ均衡として実現するのです。この「ゲームの均衡としての制度」という考え方は，**比較制度分析**（p. 280 参照）の中心的なアイデアとなるものです。

くり返しゲームを用いて分析する

1期ゲーム（1回限りのゲーム）

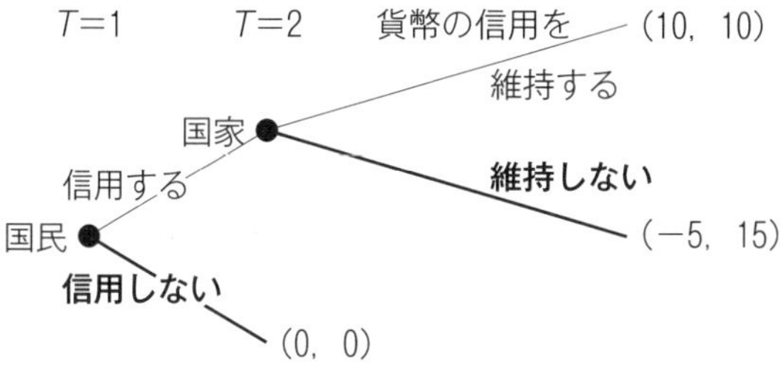

くり返しゲーム（無限回くり返しゲーム）

トリガー（引き金）戦略（Trigger Strategy）：国民も**最初は**信用し，国家も貨幣（不換紙幣）の信用を維持する。**次からは**，お互いが（信用する，貨幣価値を維持する）をとり続けてきた限り協調する（信用する，維持する）が，一度でも一方が大きく裏切ったなら，永久に協調しない（信用しない）。

＊国家のインセンティブ構造

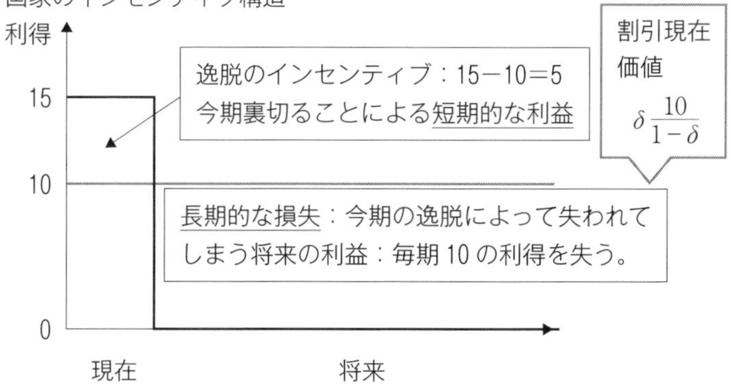

くり返しゲームの応用：評判の担い手としての企業

「評判の担い手」としての企業：信頼を通じたガバナンス

雪印乳業は評判（ブランド）企業であり，それを維持すべく「高品質製品」を供給していました。それが，2002年に集団食中毒や牛肉偽装問題を起こし，ブランドは失墜し，消費者の不買，業績悪化を招き，解体へ至りました。消費者の信頼維持は不可欠な経営資源であるのに，信頼を裏切り，消費者の不買を引き起こし，瞬く間に業績が悪化し解体に至ったという形で，信頼の重要性を食品メーカー（雪印）に再認識させたのは，まさに消費者でした。これをゲーム理論的に考察してみましょう。

消費者と企業は，次の順番で戦略を選びます。

$T=1$：消費者が購入するか否かを決める。

$T=2$：企業は，消費者が購入する場合に，高品質製品を供給するか否かを決める。購入しない場合は，両者0の利得を得る。

1回限りのゲームの解は，「企業（雪印）は，消費者が購入するときに，機会主義的に振る舞い，信頼を裏切る。消費者は企業のそのような機会主義を予想して，企業を信頼せず，製品を購入しない。」というもので，右頁の上図の展開形ゲームの太字で表されます。しかし，無限回くり返しゲームでは，右頁の下図のように，企業は消費者の信頼に応える誠実な企業だという評判を維持しようとするインセンティブを持ち，それを予測して，消費者も企業を信頼し製品を購入する。すなわち（信頼して購入する，高品質製品を提供する）という協調戦略の組が，くり返しゲームのナッシュ均衡として実現しうることを示せます。

くり返しゲームを用いて分析する

１期ゲーム（１回限りのゲーム）

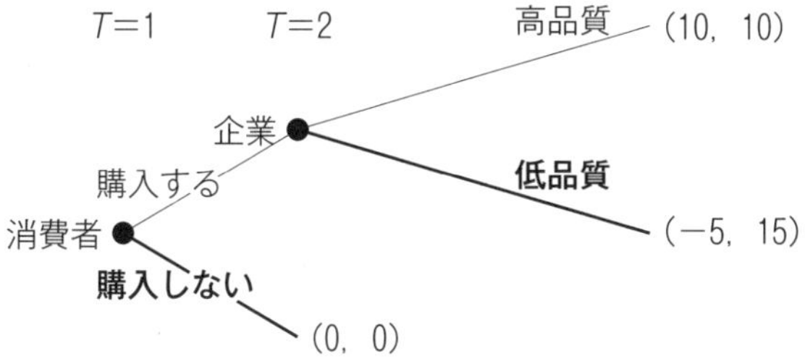

くり返しゲーム（無限回くり返しゲーム）

トリガー（引き金）戦略（Trigger Strategy）：**最初は**協調する（購入，高品質製品）。**次からは**，自分と相手が協調戦略（信頼して購入，信頼に応えて高品質製品）をとり続けてきた限り協調する（購入，高品質製品）が，一度でも一方が裏切ったならば，永久に協調しない（信頼しない）」⇒雪印の裏切りに，消費者がトリガーを引いた。

＊企業（雪印）の長期的なインセンティブ構造

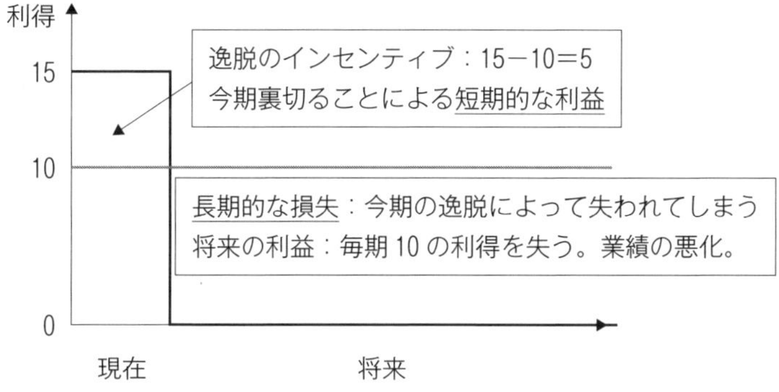

Column

しっぺ返しとトリガー戦略

本章後半の応用例では，プレイヤーは「トリガー戦略」を用いると仮定して分析しました。トリガー戦略は，最初は協力し，以後は協力関係が続く限り協力しますが，一度でも協力関係が崩れたら，二度と協力しない容赦のない戦略です。これにより，短期的な逸脱のインセンティブと長期的な利得の損失の比較の分析が大いに単純化されます。その意味で理論分析上は便利なのですが，現実にはどうでしょうか？　本文でも言及したとおり，アクセルロッドが考案した，囚人のジレンマをくり返すコンピューターのトーナメントで実際に優勝したのは，「しっぺ返し（Tit-for-Tat）」でした。最初は協力し，協力には協力で報い，裏切りには裏切りで報復する点は同じなのですが，しっぺ返しがトリガー戦略と異なるのは，いったん非協力になっても，相手が再び協力してきたら自分も協力する点です。トリガー戦略は協力が続いているうちはよいのですが，一度関係が崩れると二度と修復できないため，総当たりのトーナメントでは得点が低くなったのです。1つの含意としては，アクセルロッドも示唆しているように，「しっぺ返し（Tit-for-Tat）」が，実際の組織や社会では，長い目で見ると適切な生き方かもしれないということです。

第 5 章

不完備情報ゲーム

完備情報ではないゲーム

相手のとりうる戦略や利得関数がわからない不完備情報ゲーム

これまで見てきたゲームは，各プレイヤーがそれぞれどのような戦略をとり，それによってどのくらいの利得を獲得できるかという情報をプレイヤー全員が知っていました（「共有知識」）。このようなゲームを**完備情報ゲーム**といいます。

しかし現実には，相手の技術情報や費用がわからず，利得関数が不確実な場合や，相手のとりうる戦略の集合がわからないなど情報が不足した状態でゲームが行われることが多くあります。このようなゲームを**不完備情報ゲーム**といいます。たとえば企業ＡとＢの市場での争いを考えると，企業Ａは自社の新製品がどの程度売れるのかの需要状態を知っているけれども相手企業Ｂは知らない，また相手企業Ｂがどのような技術や費用を持ち，どのような戦略をとり，その結果としてどのくらい利得を得るのかといったゲームの構造について，両企業が完全な知識や情報を持っていないようなゲームです。

不完備情報ゲームを分析することで確率的に相手の戦略を把握するなど，完備情報ゲームではとらえきれなかった現象を考えることができます。**ハーサニ**は，この不完備情報ゲームを分析する手法を生み出した業績により1994年にノーベル経済学賞を受賞しました。主体間に情報が偏在しているときの経済現象を分析する逆選択（アドバースセレクション）とスクリーニング（pp. 224-229）も，シグナリングの話（pp. 126-133）も，ハーサニが扱った不完備情報ゲームの分析枠組みの話です。

相手の戦略や利得がわからないゲーム

不完備情報ゲームとは

不完備な情報のゲーム

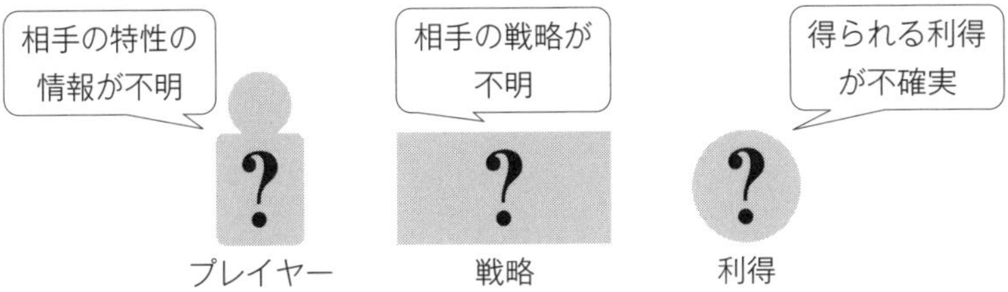

不完備情報ゲーム　プレイヤーがとる戦略による利得が不確かだったり，相手の戦略や特性（タイプ）がわからないなど，情報が不完備な状態で行われるゲーム

企業 A，B の市場争い

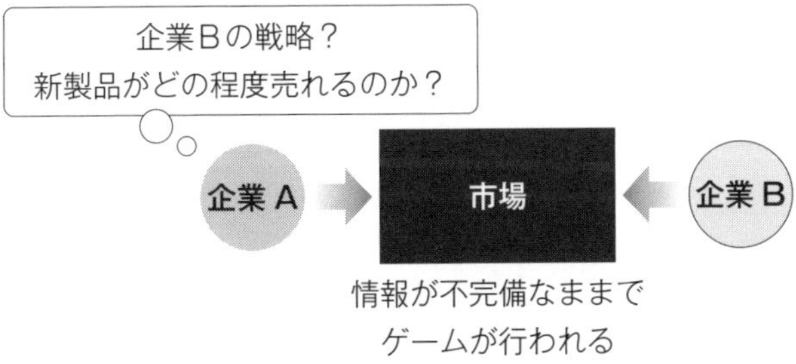

不完備情報ゲームでは確率的に相手のタイプと戦略を把握するなど，完備情報ゲームではとらえられなかった側面を考えることができる

戦略形ベイジアンゲーム①
ベイジアンゲームを解く

不完備情報ゲームを簡潔に分析するために，**ハーサニ**は，**ベイジアンゲーム**という手法を考え出しました。あるプレイヤーだけが知っている情報を，私的情報，または**属性**（**タイプ**）と呼び，すべてのプレイヤーが**タイプ**の確率分布に対して共通の予想を持つと仮定し，同一のプレイヤーでもタイプが異なれば別のプレイヤーとみなしてとらえると，これまでのナッシュ均衡の考え方をうまく適用することができるのです。

最初に戦略形（同時）の**ベイジアンゲーム**について考えます。

〈GAME 5-1〉レストランチェーンのカリーヌとキングが，G町かH町に出店計画を立てています。それぞれ別の町に出店すると1日の利用客は各300人，同じ町に出店すると周辺地域から客が200人来て，利用客500人をとり合います。町ごとに利用客の好みが異なるので，2店の利用客数は同じにはなりません。言い換えれば，2店は異なる特徴を持っています。このようなプレイヤーの特徴や性質を**属性（タイプ）**と呼びます。

G町でカリーヌの人気が高い（タイプA）と，2店がG町に出店して獲得する利用客はカリーヌ400人，キング100人です。H町でカリーヌの人気が高い（タイプB）と，2店がH町に出店して獲得できる利用客はカリーヌ400人，キング100人です。カリーヌは自分自身がタイプA，Bどちらの**タイプ**であるかを知っています（私的情報）が，キングは確率1/4でタイプA，3/4でタイプBだと予想しています。

不完備情報の状態を表現する

ベイジアンゲームとは

〈GAME 5-1〉レストランの出店計画

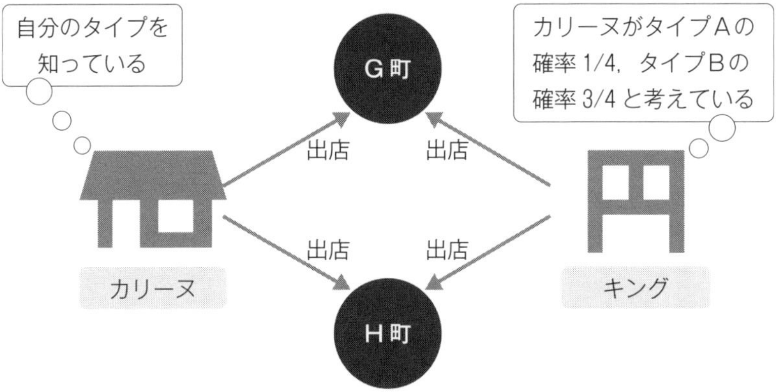

異なる町に出店＝1 日の利用客は各 300 人
同じ町に出店　＝1 日の利用客 500 人をとり合う

（単位：人）

レストラン／出店町	カリーヌ（タイプ A）	キング
G 町に出店	400	100
H 町に出店	250	250

レストラン／出店町	カリーヌ（タイプ B）	キング
G 町に出店	250	250
H 町に出店	400	100

各プレイヤーはどのような戦略をとるか？

戦略形ベイジアンゲーム②
ベイジアンナッシュ均衡

まずはタイプAのカリーヌから見ましょう。右頁の表のタイプAの利得行列では，カリーヌはキングがどちらの町に出店しても利得が大きくなるG町に出店します（支配戦略）。同様に，タイプBのカリーヌはH町に出店します（支配戦略）。

次にキングはカリーヌが1/4の確率でタイプA，3/4の確率でタイプBと考えています。ここで重要なのは，キングはカリーヌがどちらのタイプであるか**確率的に推測**しており，タイプAに対してとる戦略と，タイプBに対してとる戦略を別々にはできないことです。一方，カリーヌは自分のタイプを把握しており，それを基準に戦略を選択します。以上を踏まえた上でキングの期待利得を計算すると，右頁のとおり，G町なら250，H町なら150なのでG町を選択します。したがって，「カリーヌはタイプAならG町に出店，タイプBならH町に出店，キングはG町に出店」がこの**ベイジアンゲームのナッシュ均衡**となります。この戦略の組においては，いずれのプレイヤーにおいても，各タイプの選択が，他のプレイヤーの戦略に対する**最適反応**となっていることがわかります。タイプA，タイプBのカリーヌは，キングの戦略に対する最適反応を（支配戦略として）とっており，キングもカリーヌの（タイプに応じた（type-contingent））戦略に対する最適反応をとっているからです。

各プレイヤーの最適戦略を考える

カリーヌの場合

カリーヌタイプ A

キング＼カリーヌ	G 町	H 町
G 町	(**400**, 100)	(**300**, 300)
	∨	∨
H 町	(**300**, 300)	(**250**, 250)

カリーヌタイプ B

キング＼カリーヌ	G 町	H 町
G 町	(**250**, 250)	(**300**, 300)
	∧	∧
H 町	(**300**, 300)	(**400**, 100)

タイプ A なら G 町に，タイプ B なら H 町に出店するのが**支配戦略**

キングの場合

●カリーヌのタイプ A，タイプ B に対して
1 つの戦略しかとれないため**タイプを確率的に予測**

G 町に出店したときの期待利得
1/4×100＋3/4×300＝250

∨

H 町に出店したときの期待利得
1/4×300＋3/4×100＝150

G 町に出店する

ベイジアンナッシュ均衡（ゲームの解）		
	カリーヌ（タイプA）	G町
	カリーヌ（タイプB）	H町
	キング	G町

展開形ベイジアンゲーム①
企業買収の例

ここでは〈GAME 5-2〉**企業買収**を例に展開形の**ベイジアンゲーム**を考えます。

大樹貿易がナッツ商事の買収を計画しています。ナッツ商事の年商が10億円なら高収益で，買収後に15億円の収益を生み，買収に必要な金額は12億円とします。また，年商が6億円なら低収益で，買収後に9億円の収益を生み，買収金額は7億円とします。この高収益，低収益という2つの**属性（タイプ）**は，「**自然**」という意思を持たないプレイヤー（偶然手番）が，確率1/2ずつでいずれか1つを選ぶと考えます。

ナッツ商事は自分の属性（タイプ），すなわち，自分が高収益，低収益いずれのタイプであるかを知った上で，タイプごとに，買収を受け入れるか拒否するかを決定することができます。これを**ゲームの木**で表すと右頁の図のようになりますが，大樹貿易はナッツ商事のタイプが見分けられないため，ナッツ商事が高収益と低収益の場合に対して別々の戦略を用いることはできません。そこで両方のタイプを1つの集合体（**情報集合**）とみなし，同じ戦略（買収額12億円か買収額7億円）をとります。

情報が不完備で時間の経過を伴うゲーム

ベイジアンゲームを展開形で表現する

〈GAME 5-2〉企業買収の展開形ベイジアンゲーム

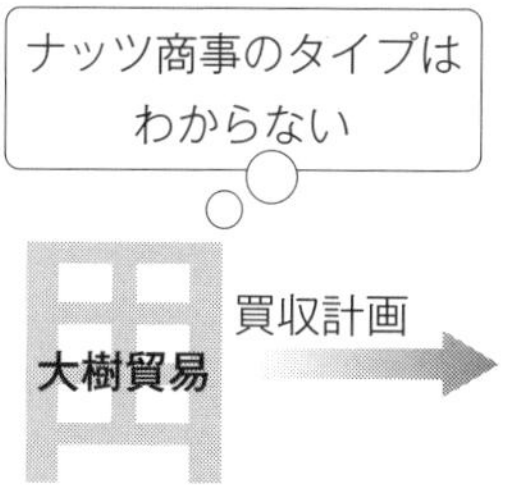

ナッツ商事　（単位：億円）

	高収益のナッツ商事	低収益のナッツ商事
年商	10	6
買収後の売上	15	9
買収に必要な金額	12	7

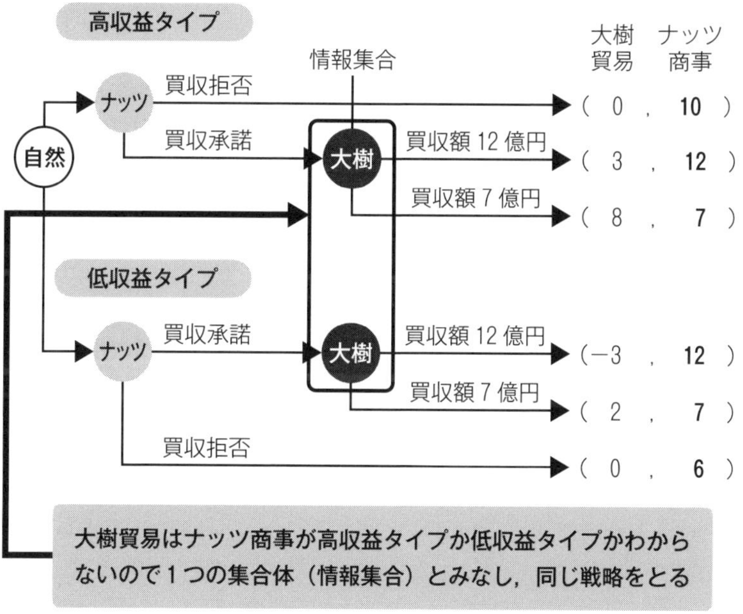

展開形ベイジアンゲーム②
信念（ビリーフ）を用いて解く

前項のゲームを後ろから解くと，大樹貿易はナッツ商事のタイプが高収益か低収益か不明なので，相手のタイプを確率的に推測します。この確率をナッツ商事のタイプに対する**信念（ビリーフ）**と呼びます。大樹貿易はこの信念を基準に，期待利得を最大にする戦略を考えます。まず，大樹貿易の信念を各タイプ1/2とします。このときの大樹貿易の期待利得を計算すると，ナッツ商事は高収益タイプと低収益タイプ，確率1/2ずつだとみなしているので，右頁①の計算通り，買収金12億円を提示すれば期待利得0，買収金7億円を提示すれば期待利得5ですので，買収金7億円を選択します。そのときのナッツ商事の戦略を考えると，高収益タイプは買収拒否，低収益タイプは承諾となります。したがって，大樹貿易の信念である高収益と低収益の確率は1/2ずつではなく，高収益が0，低収益が1，が正しいのです。この信念を基準に期待利得を計算し直すと，買収金12億円なら−3，買収金7億円なら2なので，大樹貿易はやはり買収金7億円を選択します。このように，信念は相手の戦略を反映し，**整合性**があることが必要なのです。

信念を導入した展開形ゲーム

信念（ビリーフ）　情報集合において相手の属性（タイプ）を確率的に推測すること

①信念を高収益1/2，低収益1/2であると考える

買収金12億円の場合　$1/2\times3+1/2\times(-3)=0$

買収金7億円の場合　$1/2\times8+1/2\times2=5$

∧

買収金7億円を選択する

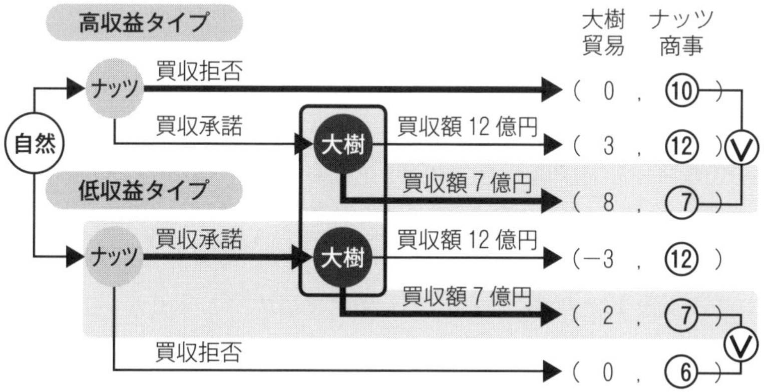

ナッツ商事が買収を承諾するのは低収益タイプだけ

➡ナッツ商事が買収承諾するとき，高収益タイプの確率0，低収益タイプの確率1で①と異なる！

②信念を高収益0，低収益1であると考える

買収金12億円の場合　$0\times3+1\times(-3)=-3$

買収金7億円の場合　$0\times8+1\times2=2$

∧

買収金7億円を選択する

戦略と整合性のある信念でなければならない
（信念は相手の戦略を反映し，矛盾しない）

逆選択と完全ベイジアン均衡

展開形ベイジアンゲーム③
完全ベイジアン均衡

前項で，ナッツ商事は低収益タイプのみ買収を承諾し，大樹貿易の信念は高収益が0，低収益が1だとわかりました。また大樹貿易が出す買収金額は7億円です。以上がこの展開形ベイジアンゲームの解であり，このような最適戦略と整合性のある信念の組を，**完全ベイジアン均衡**といいます。

大樹貿易は，ナッツ商事のタイプ（高収益か低収益か）を確認できず，低収益のナッツ商事を高額で買収してしまう危険性があるため，低めの買収金額を選択します（信念を用いた期待利得の計算で確認されました）。ナッツ商事はこれを予想し，高収益タイプは7億円の買収を拒否します。高収益タイプも12億円で買収されるならば，利得が高くなります（買収額12－年商10＝2）が，均衡では実現しません。大樹貿易も同様で，高収益のナッツ商事を買収したくてもできません。高収益タイプだとわかっていれば，買収後の売上15－買収額12＝3だけ利得が高くなりますが，この利得増も均衡では実現しません。この問題は，情報の非対称性が非効率な経済活動を生む**逆選択**（p. 223参照）現象の一例といえるでしょう。

このモデルは，現実の企業買収も説明できます。2020年，外食大手コロワイドは定食チェーンの大戸屋の買収を計画して，敵対的企業買収に発展し，株式公開買い付け（TOB）の結果，大戸屋の経営の実権を握りました。大戸屋は新型コロナの中，経営不振であり，モデルの「低収益」タイプであったといえます。よって，TOBが成立したのです。

2 つの要素を持つ完全ベイジアン均衡

完全ベイジアン均衡とは何か

完全ベイジアン均衡　最適な戦略と整合的な信念の組み合わせ

A p. 123 から得られた最適戦略（ナッツ［低収益］承諾，ナッツ［高収益］拒否，大樹［7 億円］買収）

B p. 123 ②から得られた整合的信念（高収益の確率 0，低収益の確率 1）

A と **B** の組み合わせが**完全ベイジアン均衡**

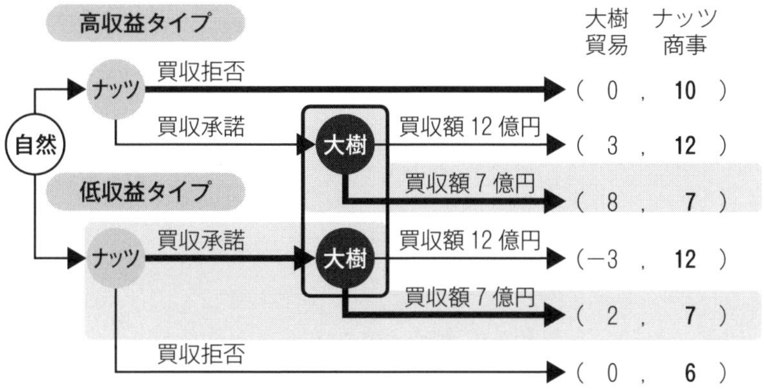

大樹貿易は，高収益のナッツ商事を買収できず，
高収益のナッツ商事は高い金額で買収されない
と予想し買収提案に応じない

↓

情報の非対称性が経済活動の非効率性を
引き起こす逆選択現象の一例

情報の非対称性を解決する方法

自分の特性情報を相手に伝える シグナリング

商事会社が，貿易実務担当の社員を募集していると考えます。応募者は自分の属性（特性，タイプ）を知っていますが，商事会社は知らないという情報の非対称性が存在しています。応募者が採用されるには，自分の**属性**（特性，タイプ）がいかに有益かを証明する必要があります。これが**シグナリング**です。このとき，応募者は他の応募者との属性（タイプ）の違いを行動の違いで間接的に示します。それが，短髪かつ清潔な服装で面接に臨んだり，履歴書に書ける資格を取得したりといった，情報保有者（応募者）の費用のかかる行動なのです。

商事会社は，語学の能力は貿易の仕事に必要で，清潔な服装はビジネスの基本だと考えています。この場合には，採用会社はこれらの基準に従って採用予定者を絞り込むことが，そして良いシグナル（語学能力資格や清潔な服装）を出せる応募者は他の応募者よりもゲームを有利に進めることが可能となります。ただし，シグナリングは受け取る側（ここでは商事会社）がそれらの情報を有益と判断している場合に限られます。

自分の特性情報を相手に伝える

シグナリングとは

就職活動の場合

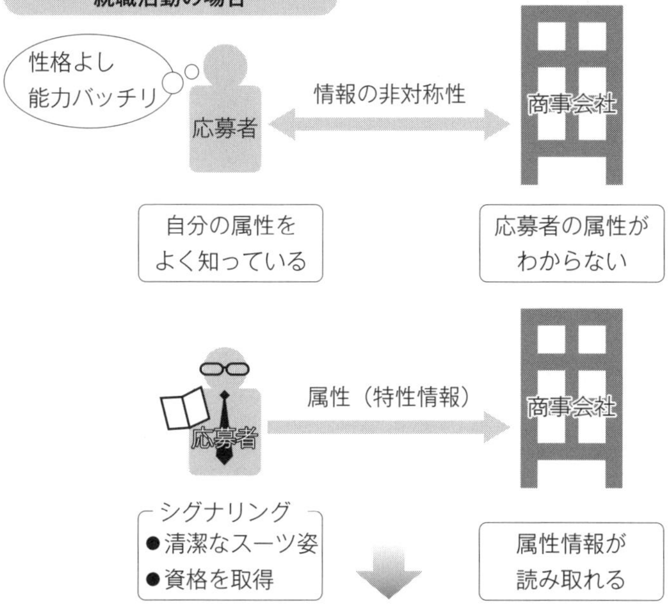

他の応募者との属性の違いを費用のかかる行動で示す

●会　社：採用するか否かの判断材料となる
●応募者：他の応募者よりもゲームを有利に進められる

シグナリング

情報の非対称性が存在するとき，情報保有者の側が，自分の属性が他と異なることを行動の違いで示すこと。経済学者スペンスは，この先駆的研究で 2001 年ノーベル経済学賞を受賞。

シグナリング

シグナリングとベイジアンゲーム モデルの設定

いまMBA（経営学修士）という学位取得が，労働者の能力を経営者に伝える**有効なシグナルとして機能するかどうか**を，モデル分析で考えてみましょう。右頁の展開形ゲームで，まず「自然」の選択として，労働者の能力は半々の確率で高いまたは低いとします。労働者は自分の能力を知って，MBAを取得するか取得しないかを決めます。経営者は，労働者の能力はわかりませんが，MBAを取得したか否かは観察して，評価するか否かを決定します。労働者は，能力に関係なく，MBAを取得して評価されることで2の利益を得ますが，評価されない場合，利益は0です。また，MBAを取得するには，能力が高いならば1，能力が低いならば3の費用がかかります。能力の高い労働者がMBAを取得して評価された場合，利益2からMBA取得費用1を引いた2−1=1が利得になります。一方，能力の低い労働者は，MBAの取得に3の費用がかかるため，利得は2−3=−1です。経営者の利得は，能力の高い労働者を昇進させた場合は1，能力の低い労働者を昇進させた場合は−2とします。MBAを取得せず，評価・昇進がなかった場合は，昇給0で費用もかからないので，利得は0です。

シグナリング

情報の非対称性と逆選択（第 10 章も参照）

経営者は労働者の能力を観察できないため，情報の非対称性の下で，労働者を平均的に評価すると，期待利得は $\frac{1}{2}\times 1+\frac{1}{2}\times(-2)=-\frac{1}{2}<0$ よって，すべての労働者を評価せず，昇進させないことになる。しかし実際には，能力の高い労働者を昇進させた場合は，労働者に 2，経営者に 1 の利得が生じるため，総余剰 2+1=3 が消失してしまう非効率性が生じる。

シグナリングの展開形ゲーム

（労働者の利得，経営者の利得）

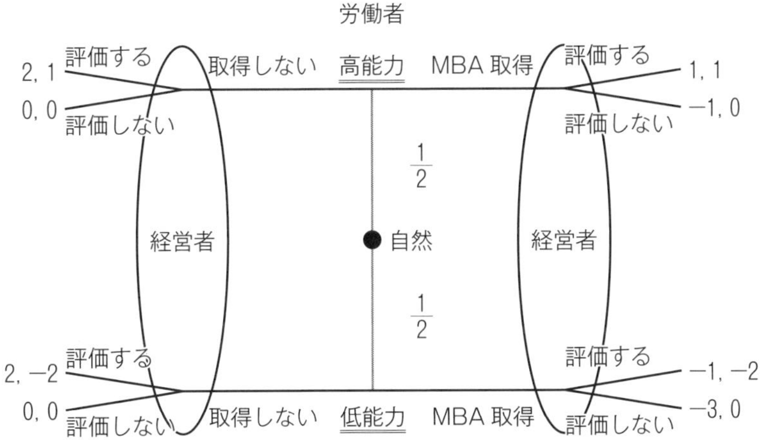

◎労働者
評価・昇進の利益　2
MBA 取得費用
— 能力が高い場合　1
— 能力が低い場合　3

◎経営者
— 能力が高い労働者を評価し昇進させた場合の利得　1
— 能力が低い労働者を評価し昇進させた場合の利得　−2

シグナリングゲームの完全ベイジアン均衡①分離均衡

このゲームには，右頁の図のように，両プレイヤーが次の戦略をとる完全ベイジアン均衡があります。「①能力が高い労働者はMBAを取得し，能力が低い労働者はMBAを取得しない。②経営者は，労働者がMBAを取得すれば評価し（昇進），取得しなければ評価しない。」まず，能力が高い労働者は，MBAを取得して評価される利得2−1=1と取得せずに評価されない利得0を比べると，「MBAを取得する」ことが最適な反応です。次に，能力の低い労働者は，MBAをとって経営者に評価してもらっても利得は2−3= −1，これと取得せずに評価されない利得0を比べて，「取得しない」ことが最適です。そして，経営者は，労働者がMBAを取得しているならば能力は高いと予想するので，「評価する」ことが最適となり，取得していないならば能力は低いと予想するので，「評価しない」ことが最適となります。このとき，経営者の信念は，MBAを取得すれば確率1で高能力と予想し，取得しなければ確率1で低能力と予想するものであり，実際，労働者の各タイプの均衡戦略と**整合的**です。こうして，異なる能力の労働者が，シグナルを通じてタイプ情報を正しく伝達している均衡を，**分離均衡**といいます。

シグナリングゲームの完全ベイジアン均衡①

分離均衡：タイプ情報が正しく伝達される均衡

（労働者の利得，経営者の利得）

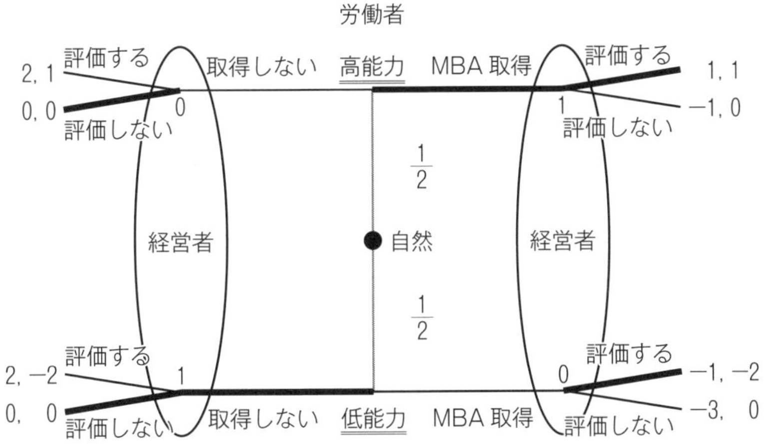

経営者は，左側の情報集合では，確率 1 で低能力タイプ，確率 0 で高能力タイプと予想している。

経営者は，右側の情報集合では，確率 1 で高能力タイプ，確率 0 で低能力タイプと予想している。

完全ベイジアン均衡：戦略と信念の組

分離均衡：「MBA 取得」がシグナルとして機能する均衡

(1) 高能力の労働者は MBA を取得し，低能力の労働者は MBA を取得しない。

(2) 経営者は，労働者が MBA を取得すれば評価し（昇進），取得しなければ評価しない。

(3) 経営者の信念は，その人が MBA を取得すれば高能力タイプと予想し，MBA を取得しなければ低能力タイプと予想する。

シグナリングゲームの一括均衡（Pooling 均衡）

シグナリングゲームの完全ベイジアン均衡②一括均衡

実はこのゲームにはもう１つ，右頁の図に示されるような，**シグナルが使われない**完全ベイジアン均衡もあります。「①労働者は能力にかかわらずMBAを取得しない。②経営者は，労働者がMBAを取得してもしなくても評価しない。」がそれです。高能力の労働者も，MBAを取得しても，評価されないので，わざわざ費用をかけてまでMBAを取得しないことが最適になります。経営者はMBA取得の有無から労働者の能力に関する情報を得ないので，能力が高い確率は半々であるという（事前予想と同じ）予想を持ちます。このとき，経営者の最適行動は，期待利得 $1/2\times1+1/2\times(-2)=-1/2<0$ より，「評価しない（昇進させない）」こととなります。なお，高能力の労働者がMBAを取得しないことが最適となるためには，均衡プレイでは到達しない（**不均衡径路上**：右頁の図の右側の）**情報集合**における経営者の信念について，高能力タイプの確率を μ とすると，「評価する」をとったときの期待利得 $1\times\mu-2(1-\mu)=3\mu-2$ が，「評価しない」のときの利得 0 以下となること，すなわち $0\leq\mu\leq2/3$ が，必要になります。この**一括均衡**では，能力情報が伝わらず，**シグナリングが機能しない**ことになります。

シグナリングゲームの完全ベイジアン均衡②

一括均衡：タイプ情報が伝達されない均衡

（労働者の利得，経営者の利得）

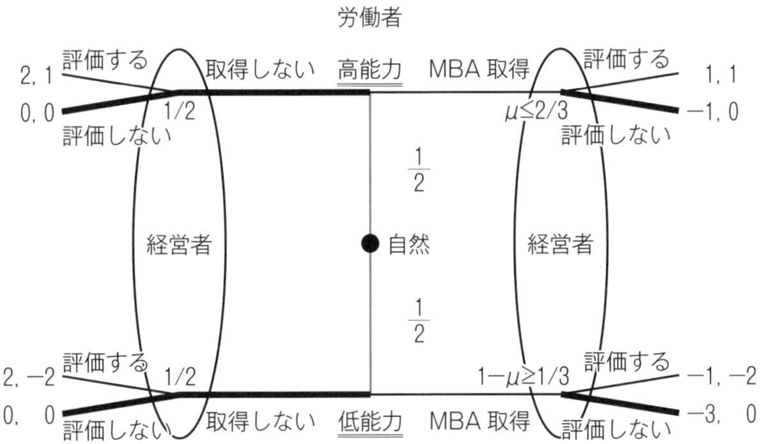

経営者は，左側の情報集合では，確率で $1/2$ で低能力タイプ，確率 $1/2$ で高能力タイプと予想している。

経営者は，右側の情報集合では，確率 $\mu \le 2/3$ で高能力タイプ，確率 $1-\mu$ で低能力タイプと予想している。

第 2 の完全ベイジアン均衡：戦略と信念の組

一括均衡：「MBA 取得」がシグナルとして機能しない均衡

(1) 高能力の労働者も低能力の労働者も MBA を取得しない。

(2) 経営者は，MBA を取得しようとしまいと，労働者を評価しない。

(3) 経営者の信念は，労働者が MBA を取得しなければ，事前の予想と同じであり，MBA を取得したとしても，確率 $0 \le \mu \le 2/3$ でしか高能力タイプと予想しない。

(注) この一括均衡では非効率な「逆選抜」現象が生じているといえる。

第 6 章

交渉理論

価格交渉ゲーム①
フリーマーケットの事例

交渉とは，話し合いや意思表示などのコミュニケーションを手段として合意を形成することをいいます。交渉には，競争関係，利害対立関係にあるもの同士の交渉もあれば，犯罪事件の犯人との人質交渉など特殊なものもあり，また国際政治での国家間の交渉など，スケールの大きなものもあります。まず，身近な交渉事例として，価格交渉を考えましょう。

〈GAME 6-1〉 Kさんはフリーマーケットで，気に入ったスーツを見つけました。正価で買えば2万円は下らない商品です。中古なので5000円までなら払う価値はあると考えています。一方，売り場には「スーツ二千円～要相談」と書かれた札が貼ってありました。売主は最低でも2000円なら売ってもいいと思っています。この価格交渉では，双方の納得する値段，つまり互いの評価額である2000円～5000円の間で売買価格が決まると考えるのが妥当になります。

ゲーム理論では，売買価格と評価額との差額を**余剰**と呼びます。また，互いの評価額2000円と5000円の差額である3000円を**総余剰**と呼びます。たとえば4000円で交渉が成立した場合，売主に2000円（＝売買価格4000円－売主の評価額2000円），Kさんに1000円（＝Kさんの評価額5000円－売買価格4000円）の余剰が分配されることになるのです。

ゲーム理論における価格交渉

フリーマーケットにて

〈GAME 6-1〉フリーマーケットでの価格交渉

これ良いなあ
5000 円までなら
払ってもいいな

K さん

財：中古スーツ

最低でも
2000 円以上なら，
売ってもいいな

売主

K さんの評価額				**売主の評価額**
5000 円	≧	両者の間で，取引が成立すれば，取引利益が生じる	≧	**2000 円**
最大支払意思額				最小販売容認額

取引価格（売買価格）をめぐる買手と売手の間の交渉
⇒売買価格は 2000 円から 5000 円の間になるのが妥当

余剰とは

余剰 ＝ **評価額** と **売買価格** の差

売買価格 4000 円の場合

K さんの余剰		売主の余剰		**総余剰＝取引利益**
1000 円	＋	2000 円	＝	3000 円
（5000 円－4000 円）		（4000 円－2000 円）		（5000 円－2000 円）

交渉が決裂すると余剰は得られない

価格交渉ゲーム②
一般の手続き

〈GAME 6-1〉で，Kさんは売主に向かって，「これはいくらですか？」と尋ねれば，売主に売買価格の最初の設定を委ねることになります。売主は適正価格をいうかもしれませんし，Kさんを見てお金がありそうだと思えば「これはモノがいいので6000円です」と吹っかけるかもしれません。

反対に，Kさんから「これ2000円かなあ」と話しかければ，売主は「これは4000円です」というかもしれません。そして，互いのコミュニケーションスキルを駆使しながら，最初に双方が設定した評価額の間を根気よく往復して，ともに納得がいく値段に落ち着けば晴れて交渉成立となります。

もちろん値段が高すぎる，安すぎるなどして余剰からあふれ，交渉が決裂することもあります。決裂した状態を**交渉決裂点**（**または，威嚇点，交渉基準点**（p. 159の図も参照））と呼び，損失はありませんが，互いに得る機会があったはずの取引余剰を失うことになるという意味で，非効率的な状態です。そして，この場合は，手放したい在庫が売主に残ってしまいます。

価格交渉の一般手続き

交渉開始のパターン

売主から価格提案

Ｋさんから価格提案

一般手続き

5000円 ⟷ **2000円**

互いの評価額の間を，ともに納得がいくまで往復する⇒取引が成立＝**効率的な結果**

決裂点＝交渉が決裂した状態

Ｋさんの余剰	売主の余剰		
0円	0円	＋	財の所有者は売主のまま

交渉が決裂すると，成立時に得られるはずの余剰（パイ）を失う⇒**非効率的な結果**

交渉ゲームとは

交渉決裂という非効率な状態を避けつつ，交渉成立によって実現する総余剰の分配方法をめぐって交渉するゲーム

最後に提案をした方が有利

価格交渉ゲーム③
最後通牒権とは

「それならこれで最後！　3500円！　これ以上はなし！」といった具合に，相手に最後の選択を迫るテクニックを**最《さい》後《ご》通牒《つうちょう》**といいます。言い換えれば，3500円という価格を承諾するか，不満であれば立ち去るかしかない提案（take-it-or- leave-it offer）をすることです。

最後通牒を行った時点で，その売買価格で納得するか，決裂するかの二者択一になりますので，ゲーム理論では，最後通牒時の売買価格が双方の評価額の間に収まっていれば，余剰を得るか失うかの選択となるため，その値段で交渉が成立することになります。

しかし，最後通牒といっても，日常生活では口頭での念押しなので，法的な拘束力はありません。「わかった，3000円だったら買う。それ以上は出すことができない！」「ん～，3100円！」「……OK」のように粘り強いやりとりも見られるかもしれません。これは，最後通牒の「黙って立ち去る」の部分に**コミットメント**（第3章pp. 85，88参照）できていないことを意味します。それでも，最後通牒の特性を理解すれば，フリーマーケットの終了時間間際に買手が強気で**最後通牒権**を行使して，在庫を抱えるのが嫌な売主から安く買えることは間違いないでしょう。終了間際に提案すれば，時間的にも，売主はその提案を承諾するほかないだろうからです。

最後の選択を迫るテクニック

最後通牒とは，相手に対して承諾するか黙って立ち去るかのどちらか一方を選択する以外にないような提案をすること。

売主が最後通牒を行うケース

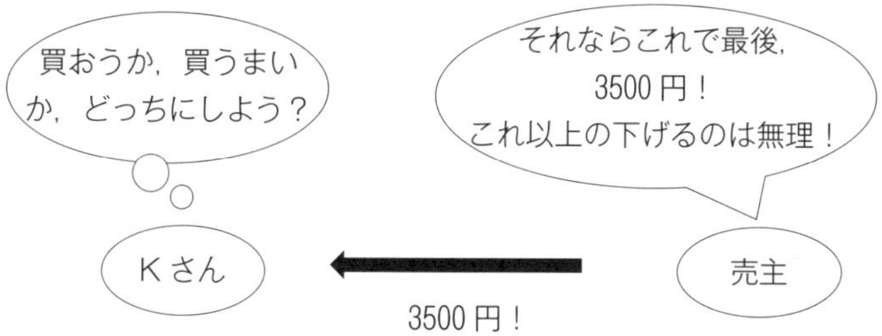

3500 円！
Accept or Reject
（受諾するか，拒否するか）

売買価格が取引余剰の範囲内であれば，
最後に提示された値段に決まる

最後通牒権を行使できる方が有利

現実　**口約束では法的な拘束力がない…**

「拒否したら立ち去る以外にない」「それ以上の交渉は拒否する」という部分を相手に信じさせることは難しい。

最後通牒を有効に使うには

相手が急いでいる場合は最後通牒の影響が強い

買手と売手の交渉ゲーム：ゲーム実験と行動経済学

最後通牒ゲーム
(受け入れるか立ち去るかのゲーム)

買手（B）と売手（S）からなる交渉ゲームを考えます。売手（S）は，（彼にとっては何の価値もありませんが，）買手（B）にとっては2万円の価値がある財（たとえば，買手がお気に入りのアーティストのCD）を所有しています。いま，買手（B）が，売手（S）に対して，価格pでこの財を買うと提案するとします。ここで価格pは0と2の間の整数でなくてはならないとします。この提案を所与として，売手（S）はそれを受け入れるか（Accept）拒否するか（Reject）を決めます。もし売手（S）が買手（B）の提案を受け入れるならば，財は買手によるpの支払いとともに買手の手に渡ります。もし売手が提案を拒否するならば，財は売手（S）の手に残ったままであり，支払いもなされません。このゲームの展開形（ゲームの木）表現を書いて（右頁の上図）「後ろ向きに（バックワードに）」解き，ゲームの均衡（部分ゲーム完全均衡）を求めると，右頁の下図のようになります。

（注）「バックワードインダクションの解」がゲームの「部分ゲーム完全均衡」と一致することは，第3章で説明したとおりです。

展開形ゲームを用いて分析する

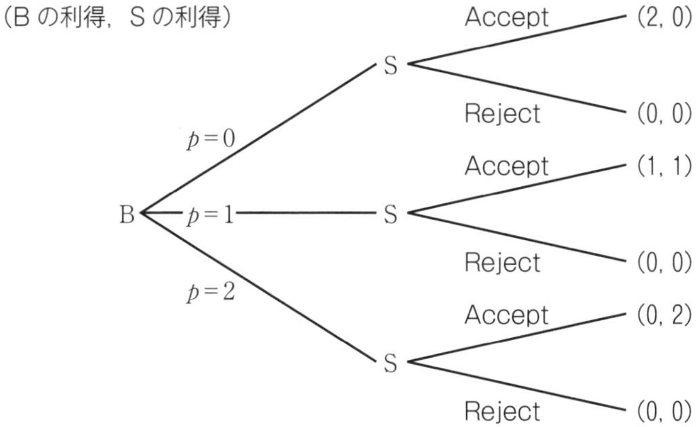

展開形ゲームをバックワードインダクションで解く

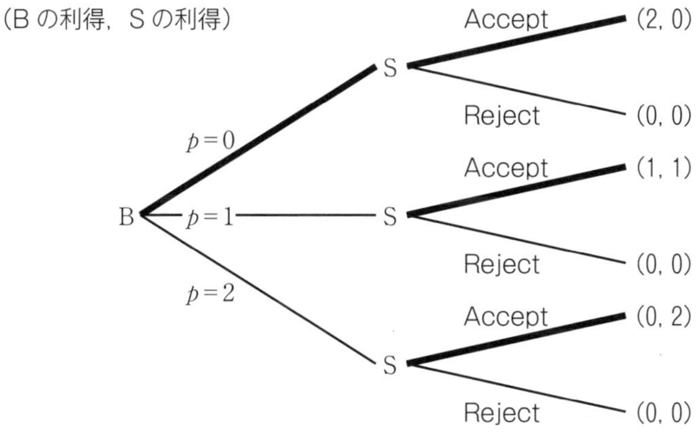

解：売手（S）は買手（B）のすべての提案 $p=0, 1, 2$ を受諾（Accept）する。買手（B）は売手の反応を読み込んで，自分の利得を最大化する $p=0$ を提案し，取引余剰を 100% 吸収する。

(最後通牒型) 交渉ゲームの実験結果と解釈は何か？

この交渉ゲームの結果の「理論予測」は，部分ゲーム完全均衡である，「売手 (S) は買手 (B) のすべての提案 $p=0, 1, 2$ を受諾する。買手 (B) は売手の反応を読み込んで，自分の利得を最大化する $p=0$ を提案し，取引余剰を 100% 吸収する。」というものです。しかし，現実世界で，生身の人間に実際にこのゲームをプレイさせた「実験結果」は，ほぼ一様に「買手 (B) は半額の1万円を提示し，それを売手 (S) は確実に受諾する。」というものでした。つまり，買手 (B) は取引余剰 (パイ) を半分ずつ分け合おうとする提案を行うのです。これは，上記の理論予測 (部分ゲーム完全均衡) とは異なります。そして，さらなる研究から，このような提案を行う理由は，買手 (B) が取引余剰を 100% (実験結果では大体6割以上を) とってしまうような提案に対しては，売手 (S) は確実に拒否してともに利得ゼロとなる状態を選択するため，この反応を見通せば，買手 (B) は最初から取引余剰を半分ずつ分け合う提案をせざるをえない，もしくはそれが買手 (B) の最適な提案だということが明らかになったのです。

実験経済学と行動経済学の発展

理論予測＝部分ゲーム完全均衡⇒ 100%全部とる

経済学やゲーム理論の伝統的な人間像では，人間とは，感情を無視し，冷徹に自分のことだけを考え，状況を考え抜いて最適な行動をとる存在だ，と仮定していた。この人間像の下では，提案者は取引余剰を自分が全部とり，受領者には 1 円も与えないはずである。提案者が 1 円でも受領者に与えるといえば，受領者はそれを拒否して何も得られないよりはましだと考え，提案を受諾するはずである。提案者がそれを見通せば，受領者には 1 円だけ与えて，提案者は 19999 円を自分が受け取るという分け方を提案するのが最適なはずだからである。

実験結果⇒ 50%ずつ分け合う

Roth 等の実験（1990）で示されたとおり，学生を対象として実際にこのゲームをプレイさせる実験をさまざまな国で行ってみると，どの国でも一様に，買手が実際に提示する額は，取引余剰（パイ）をほぼ半分ずつに分け合おうとする価格であり，理論予測と大きく異なることがわかった。1 つの解釈は，人間は必ずしも私的利得最大化という「合理性」だけを追求するのではなく，社会の常識や公正感覚（fairness）なども考えながら行動するというもので，その公平感覚を半分ずつ分け合うことだと考えれば，それを超える提案は欲張り（greedy）で公平でないと考え，拒否するというものである。それを見通せば，提案者も最初から，パイの等分を提案することになる。最近の経済学やゲーム理論では，実験を使いつつ，公平や互酬といった心理的・社会的な要因もとり入れた「行動経済学」が大きく発展している。

（最後通牒型）交渉ゲームの実験結果の理論的解釈

（最後通牒型）交渉ゲームを引き続き考えます。

社会的選好「**行動経済学**（Behavioral Economics）」のアイディアを反映して，人々は**不平等**（inequality）**を回避**するような次の効用関数を持っているとします。これは，Fehr=Schmidt（1999）の論文に基づく定式化で，人々は自分の利得の絶対額だけでなく，相手の利得との相対的な大きさを考え，偏った利得分配を嫌うという「不平等回避仮説」を定式化したものです。

$$u_B(X_B, X_S) = X_B - 0.6\max\{X_S - X_B, 0\} - 0.4\max\{X_B - X_S, 0\}$$

$$u_S(X_B, X_S) = X_S - 0.6\max\{X_B - X_S, 0\} - 0.4\max\{X_S - X_B, 0\}$$

さて，この式で X_B, X_S は買手（B）と売手（S）の２万円の取引余剰の中の取り分であり，0.6という数値は，自分が他人より低い取り分を得ることの「心の痛み」，0.4という数値は，他人が自分より悪くなることへの「心の痛み」を表すものとします。たとえば，$X_B=2$，$X_S=0$ のときには，買手は，売手が自分より悪くなることに対して単位コスト（心の痛み）0.4を掛けた0.8を心理的コストとして感じるため，それを引いた $2-0.8=1.2$ が新たな利得になります。一方，売手は買手より低い取り分を得ることへの単位コスト（心の痛み）0.6を掛けた1.2を心理的コストとして感じるため，$0-1.2=-1.2$ が新たな利得です。このような「不平等回避」の心理的要因を考慮に入れた状況下で，合理的な買手が均衡において行う提案をバックワードインダクションで解いて求めたのが右頁の下図で，この均衡は前頁の「実験の結果」と一致しています。

行動経済学（Behavioral Economics）のアイディアを反映

不平等回避型の選好なしのもともとのゲームの均衡

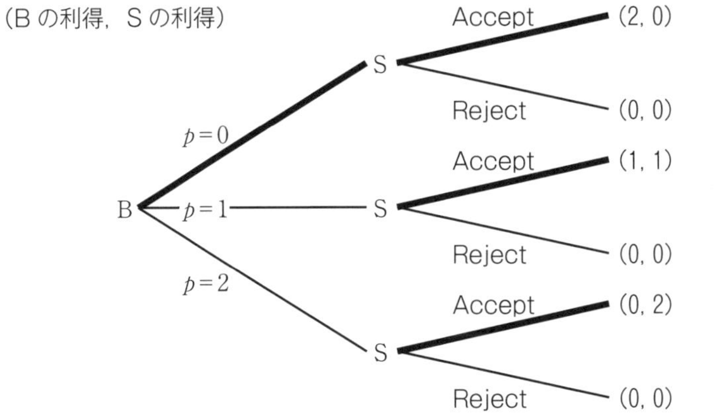

不平等回避型の選好が入った行動ゲームの均衡

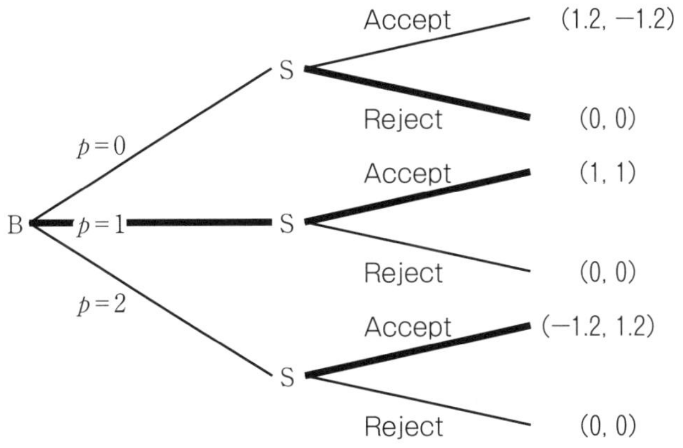

解：売手（S）は買手（B）の「$p=0$で買うという提案」を拒否する。他の提案は受諾（Accept）する。買手（B）は売手（S）の反応を読み込んで，自分の利得を最大化する$p=1$を提案し，取引余剰を折半する。

システム開発プロジェクトの請負交渉

動学的な交渉ゲーム①
2段階の交渉ゲームの事例

A社のシステム開発プロジェクトの請負予算規模の交渉事例〈GAME 6-2〉を考えます。

総予算20億円のプロジェクトで，I社とM社に発注します。発注額の内訳はI社とM社の交渉で決めることになりました。最初はI社から希望請負金額 X 億円を提示します。M社が，(20 − X) 億円で承諾すればその請負金額で決定です。しかし，M社がその請負金額を拒否すれば，今度はM社から希望請負金額 Y 億円を提示します。やはりI社が (20 − Y) 億円で承諾すれば決定ですが，ここで拒否すれば交渉決裂として，クライアントA社は他社も含めて再度プロジェクト参画企業を考え直すようです。

この交渉をゲーム理論で考えると，互いに情報は完備，利得の総余剰は20億円の2段階交渉ゲームと考えることができます。また，最終的な交渉の決裂点は，次のプロジェクトの参画が保証されないため，互いに利得0と考えます。また，双方の最低請負金額を1億円とします。

さて，最初の提案者I社は，いくらの請負金額を提示すべきでしょうか？

先手と後手の2段階交渉

〈GAME 6-2〉請負金額の2段階交渉

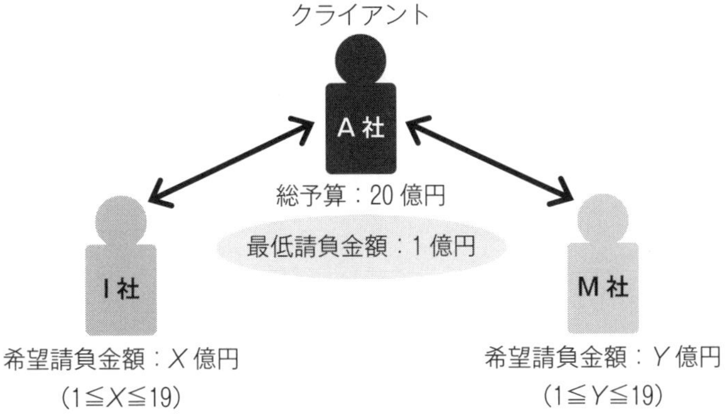

2段階交渉ゲーム

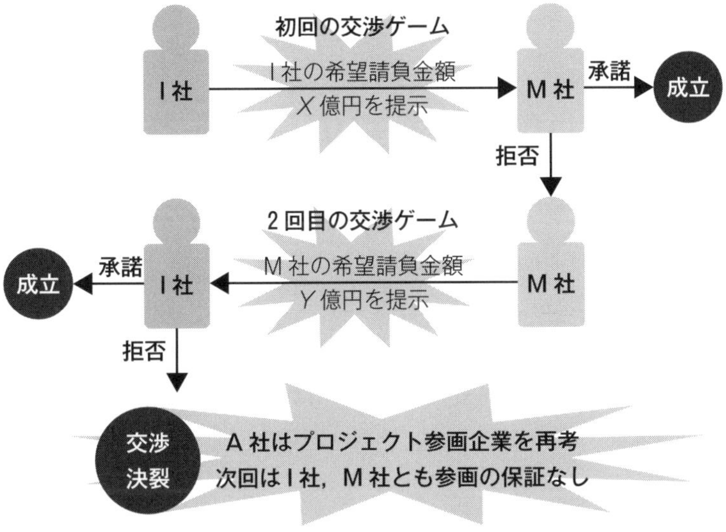

最後通牒権の威力

動学的な交渉ゲーム②
有限回反復の交渉ゲーム

〈GAME 6-2〉は，両社平等に希望の請負金額を提案しているように見えますが，実はそうではありません。この場合，提案の順序で，**最後通牒権（最終提案権）を握るM社が圧倒的**に有利なのです。

この交渉ゲームをゲームの木にまとめたのが右頁の図です。**バックワードインダクション**で考えると，M社が2回目の交渉で Y 億円をいくらに設定しても，決裂点の利得は0なので，I社は承諾せざるをえません。M社は利得を最大にしようとするので，請負金額は最大の19億円で，この部分ゲームの完全均衡，つまり解となります。2回目で最後通牒権（最終提案権）とともに最大限のパイ（19億円）を確保しているM社は，1回目の交渉で，I社の1億円を超えるとり分の提示は拒否します。したがって，I社が第1段階でできる最適な提案は，たかだか1億円の分け前を要求することです。

ここで交渉の間が半年空いており，1回目よりも2回目は，金利負担などで5%の利得が減少するという設定に変えると，結果は右のように，初回の交渉で X が2億円が解となります。時間の経過による利得減少があれば早めの交渉成立に有利になるのです。

pp. 142-143の最後通牒型の交渉ゲームが1回だけ行われ，I社が提案者である（最終提案者でもある）場合は，I社が予算額のすべて（19億円）を獲得することができますので，それと非常に対照的な結果となっています。

2 段階交渉の順番が鍵を握る

2 段階交渉のゲームの木

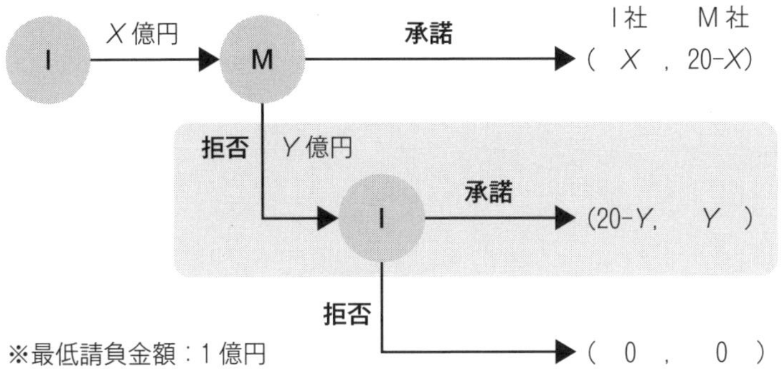

※最低請負金額：1 億円

ゲームの解：バックワードインダクションで後ろ向きに解く

2 期目に $20-Y \geq 1 \Leftrightarrow Y \leq 19$ で，Y を最大にする $Y=19$（19 億円）をM社は提案。

I 社は，M社が 2 期目に 19 億円を確保していることを見通して，$20-X \geq 19 \Leftrightarrow X \leq 1$ で，X を最大にする $X=1$（1 億円）を 1 期目に提案。

I 社は 1 億円を提示して承諾される。M社が拒否した場合，19 億円を提示して承諾される。

最後通牒権（最終提案権）を握った方が圧倒的に有利

〈GAME 6-3〉〈GAME 6-2〉の利得減少するゲーム

利得減少率：5%

2 期目（$20\times0.95-Y$, Y）の解は $20\times0.95-Y \geq 1 \Leftrightarrow Y \leq 18$ で，
Y を最大にする $Y=18$（18 億円）をM社は提案。
それを見通して，$X \leqq 2$ であれば初回の交渉成立により

ゲームの解

I 社は 2 億円を提案し承認される。
M社は 18 億円を提案し承認される。

利得減少の条件があれば，早期決着も有利となる

際限のないゲームでは早期決着にメリット

動学的な交渉ゲーム③
無限回反復の交渉ゲーム

〈GAME 6-2〉で，提案交渉の回数を2回以上に増やしても，それぞれ最後に提案できる最後通牒権を持った側が有利になります。

〈GAME 6-3〉のように交渉が長引くごとに互いに5%ずつ利得が減少するようであれば，双方早いうちに決着するメリットがありますので，最初に提案する側も有利になります。

それでは〈GAME 6-4〉として利得減少を伴い，交渉が際限なくくり返される場合はどうでしょうか？　最後通牒権のメリットはなくなり，回数を重ねるほど互いの利得が減っていきます。このゲームは，無限回くり返しゲームと同様に「**再帰的に**」解くことができます。$n-2$回目のゲームの提案者Ｉの提案X_{n-2}に対し，Mは受け入れれば$20-X_{n-2}$を得て，拒否すれば，次期のゲームの提案者となって，Y_{n-1}を得ることができますが，10%利得が減少しますので，$0.9\times Y_{n-1}$となります。よって$20-X_{n-2}\geq 0.9Y_{n-1}$のとき，MはＩの提案を承諾するインセンティブを持ちます。このMのインセンティブ制約を満たすなかで，最大の取り分をＩ社は提案しますので，均衡では等号で成立します。同様に，均衡ではＩ社のインセンティブ制約① $20-Y_{n-1}=0.9X_n$も成立します。そして，ゲームの「定常性」により，n回目と$n-2$回目のゲームの構造は同一なので③ $X_n=X_{n-2}$，すなわちＩ社の提案額は同じという条件を付けて解きます。この場合，先行のＩ社が初回に約10.53億円（計算は省略）を提案し，交渉成立することが解になります。

また，利得減少率が互いに異なり，Ｉ社が5%，M社が10%の場合には，長引くほどM社が一層不利となり，右頁で示すとおり，Ｉ社が初回により有利な13.79億円を提案して交渉が成立することになります。

長引く交渉ゲームの特徴

利得減少する有限回反復ゲーム

最後通牒権を持つ側が有利だが，交渉が長引くほど
最初に提案する側も有利になる

〈GAME 6-4〉〈GAME 6-2〉の無限回反復ゲーム

●利得減少率がそれぞれ異なる場合

I 社
利得減少率：5%
n 回目に期待できる最大期待利得：X_n

M社
利得減少率：10%
n 回目に期待できる最大期待利得：Y_n

	I の最大利得	M の最大利得
$n-2$ 回目（提案者 I）	X_{n-2}	$20-X_{n-2}$
$n-1$ 回目（提案者M）	$20-Y_{n-1}$	Y_{n-1}
n 回目　（提案者 I）	X_n	$20-X_n$

提案を拒否すると利得が減少するので
① $20-Y_{n-1}=0.95X_n$　I のインセンティブ制約
② $20-X_{n-2}=0.9Y_{n-1}$　Mのインセンティブ制約

n 回目と $n-2$ 回目は全体ゲームの構造が同じなので
③ $X_n=X_{n-2}$　I の均衡提案額は同じ

ゲームの解

①，②，③より

$$X_n=20\times\frac{1-0.9}{1-0.95\times0.9}\fallingdotseq\underline{\underline{13.79}}\text{（億円）}$$

無限にゲームがくり返される場合には
利得減少率が少ない，先手の I 社が有利

提携（協力関係）を結べるか

最大限の利得のために
提携（協力関係）を結ぶ協力ゲーム

ここまでは，利得分配の権利（**最後通牒権**）を握った側が，利得を最大化するために個人合理的な選択をしてきました。こうした**非協力交渉ゲーム**は，交渉プロセスをゲームの木（展開形ゲーム）として定式化し，そのゲームのナッシュ均衡およびその精緻化で，交渉解（交渉の合意点）を特徴づけます。これらは，明確なルールの下でプレイヤーの戦略を予測し合い，利得を最大化する戦略をとり合うものですので，ルールが変われば戦略も大きく変わってしまいます。また，実際の交渉では，明確なルールはなく状況も次々と変化します。

一方，**協力ゲーム**（p. 14参照）は，互いの出方を読み合うゲームではありませんので，交渉のタイミングや相手の戦略に左右されず，ルールには縛られません。最大限の利得のために互いに**拘束力のある**提携（結託）を結び，利得の最適な分配を考えるのが協力ゲームです。協力ゲームでは，プレイヤー間で話し合いが行われ，しかも話し合いの結果，ある合意に達したときに，その**合意が拘束力を持つ**ケース，つまり守られることが保証された合意を仮定している点が，非協力ゲームとの大きな違いです。

交渉理論：非協力ゲーム vs 協力ゲーム

非協力ゲームの特徴

明確なルール（交渉のプロセスを特定化し，お互いの戦略を予測し合う

ルールが変われば戦略も均衡も変わる（欠点）

例：非協力交渉ゲーム（最後通牒ゲーム vs 2 段階交渉ゲーム）

協力ゲームとは

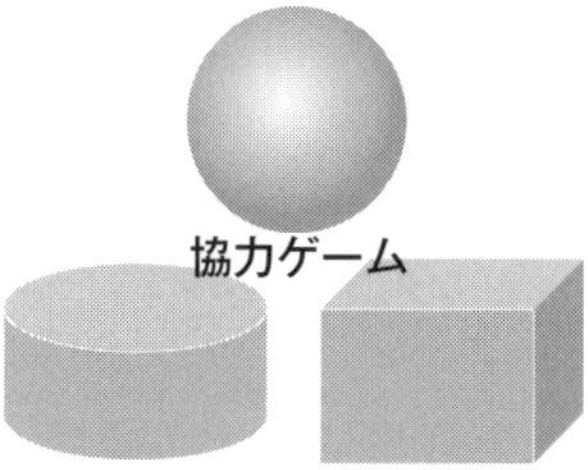

最大限の利得のために提携（協力関係）を結ぶゲーム（提携は，結託ともいう）

互いの戦略を読み合うゲームではないので
ゲームのルールや相手の戦略には縛られない

協力ゲームの解　最大限の利得を
いかに最適に分配するか

協力ゲームでは，提携（結託）行動を保証するために，事前の交渉と**拘束力（罰則など）のある合意**が必要だと考えられている

交渉の協力ゲームにおける解

ユニーク（一意）に定まる交渉の妥結点 ナッシュ交渉解

〈GAME 6-2〉の条件を変え，I社とM社が同時に希望の請負金額をA社に提示するとします。互いの請負金額の合計が20億円を超えてしまったら交渉決裂として，A社は他社も含めて再度プロジェクトの参画企業を考え直します。

このような交渉**決裂点**を伴う**協力ゲームの交渉妥結点**は「**ナッシュ交渉解**」として知られています。ナッシュは，交渉解が満たすべき性質を4つの公理として定式化し，そのすべてを満たす解は実現可能な利得の集合の中にただ1つしかなく，それが「ナッシュ交渉解」となることを示しました。この場合，極めてシンプルで「20億円を**半々**の10億円**に分ける**」というものです。

〈GAME 6-6〉 兄弟がケーキを買ってもらうとします。それぞれ兄に200g，弟に100gのカットケーキが買ってもらえますが（交渉の基準点，決裂点），もし喧嘩をしなければ，2人に1つ400gのホールケーキを買ってもらえるとします。(2人が協力したときに実現可能な利得の上限。)このように，決裂点での各プレイヤーの利得が異なる場合でも，「**ナッシュ交渉解**」の法則に従えば，公平に利得を分配する**1つの解**を右頁の図のように導き出すことができるのです。

公平な妥協点・ナッシュ交渉解

〈GAME 6-5〉〈GAME 6-2〉の同時提案ゲーム

I社とM社が希望の請負金額を提示し合う

I社		M社		
X億円	＋	Y億円	＞	20億円

➡ 交渉決裂　利得（0，0）

ナッシュ交渉解　利得（0,0）円を決裂点とし，20億円を半々に分配
I社　10億円，M社　10億円

〈参考〉ナッシュ交渉解の4つの公理　Nash（1950）

効率性　対称性　不変性　無関係な結果からの独立性

〈GAME 6-6〉ケーキの分配ゲーム

●喧嘩をしなければ＝協力によって実現可能

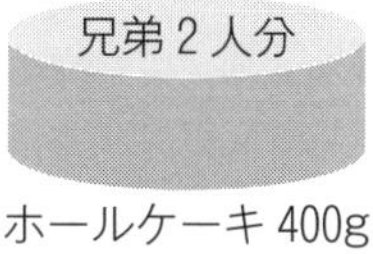

ホールケーキ400g

●決裂点（基準点）

ケーキ200g　ケーキ100g

ナッシュ交渉解　総余剰から決裂点（基準点）利得を差し引いて等分に分配し合計する。

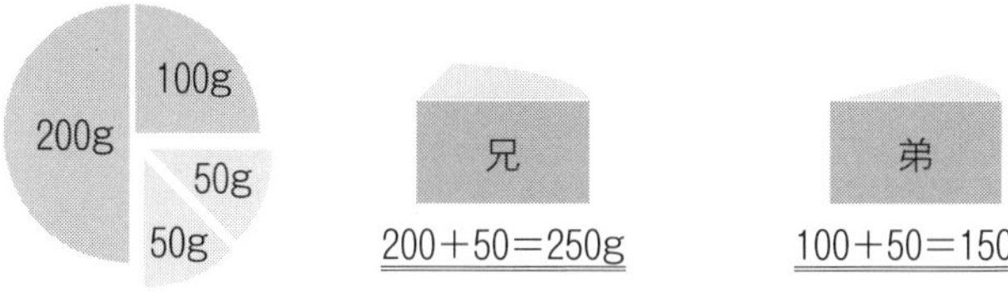

200＋50＝250g　100＋50＝150g

ナッシュ交渉問題の企業統治（コーポレートガバナンス）への応用例

企業には，株主（資本家），経営者，従業員，取引先，債権者，顧客，地域社会といったさまざまな利害関係者（ステークホルダー）がいます。そこでの複雑な利害関係（相互依存関係）を円滑に調整する仕組みが**企業統治**（**コーポレートガバナンス**）です。その形態も，株主主権型ガバナンスやステークホルダー型ガバナンスなど，1つではないのですが，経営者を「株主利益と従業員利益の中立的な裁定者（レフェリー）」として捉える（後者タイプの）見解があります。これは，日本企業やドイツ企業の企業統治に関する見解の1つとして有力でしたし，いまでも有力な考え方の1つです。さて，株主（資本家）と従業員が「**ナッシュ交渉解**」に従って，取引余剰（企業利潤）の分配について交渉するとします。交渉が決裂したときの利得（交渉決裂利得）は右図の d_S, d_E であるとします。経営者は両者の利益の中立的な調停者です。このときの利害調整問題（つまりガバナンスの問題）を「ナッシュ交渉問題」として定式化し，その構造を図示して，利得分配の構造を示したのが右頁です。

前頁の「ケーキ分配」と本質的な構造は同じだとわかります。

ナッシュ交渉解とステークホルダーガバナンス

◎取引余剰（利潤）を株主と従業員が分かち合う。経営者は調停者。

株主（従業員）の利得＝交渉決裂利得＋α×{取引余剰（利潤）}

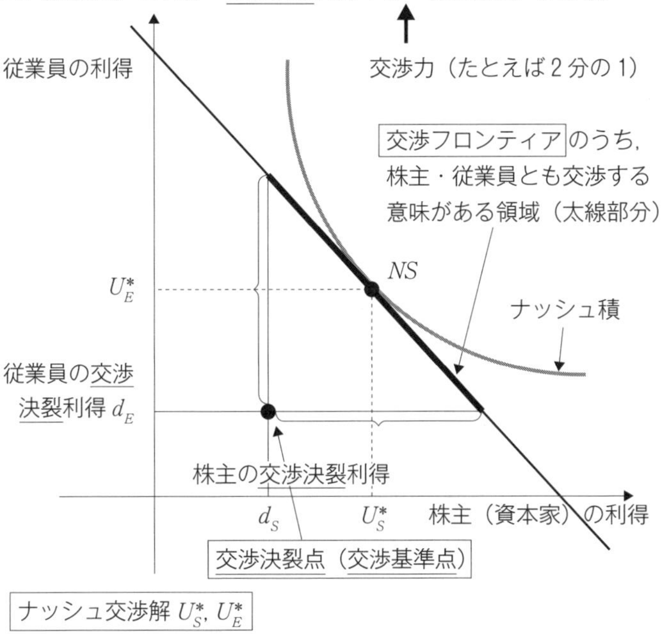

交渉フロンティア上（太線上）で，**交渉決裂点（交渉基準点）からの両者の利得の増加分の積（「ナッシュ積」）**$(U_S-d_S)(U_E-d_E)$ **を最大化**する点 NS が「**ナッシュ交渉解**」として選ばれる。図では交渉フロンティアと双曲線（ナッシュ積）の接点であり，この利得分配案を，経営者が，中立的な調停者として両者の利害調整を図って実現させる。

Column

交渉の前の交渉

姉妹が2つのオレンジをめぐって喧嘩しました。姉はオレンジを両方欲しく，妹はオレンジを1つ欲しがっています。仲裁に入った母親が2人の言い分をよく聞くと，妹はオレンジを1つ食べたいだけですが，姉はケーキを作るのにオレンジの皮が2個分必要だといいます。そこで，2人は皮と中身を別々にしてオレンジを分け合い喧嘩は収まりました。

この話は，交渉術においてよく引き合いに出されるエピソードです。一見，利害が対立するような場合も，立場にとらわれず相手の望みに，注意深く耳を傾ければ，衝突せずに問題が解決できるというたとえ話です。

ゲーム理論は基本的にルールが示されますが，現実や交渉をゲーム理論で分析する前に，相手が何を望むのか，つまり本当の利得は何で構成されているかをよく知ることの重要さがよく表されています。

第7章

オークション

変動価格商品の売買方式

完結した小さな経済市場での さまざまなオークション

近年，身近になったインターネットの**オークション**だけでなく，古来オークションは，魚市場から骨董市《こっとういち》まで，あらゆる市場につきものです。その売手と買手の完結した小さな経済市場において，ゲーム理論の戦略的思考が大いに活用されています。オークションにはさまざまな種類がありますが，大きく２種類に分けられます。

公開型は，買手同士がお互いの入札額を知ることができます。値段が上がっていき一番高い値をつけたものが競り落とす方式を**英国式**と呼びます。反対に高い値段から下がっていき，最初に申し出た人が落札するのが**オランダ式**です。

非公開型は**封印入札**方式とも呼ばれ，希望価格を一斉に非公開で入札し，最高《さいたか》値《ね》で入札した者が落札する方式です。すなわち，入札額を紙に書いて封印して入札し，その後全員の入札を開いて最高値の入札者が落札するのです。最高値をつけた者が，その最高値（本人の入札額）で取引を行う方式を**ファーストプライス（一位価格）オークション**と呼び，２番目に高い値段で取引をする方式を**セカンドプライス（二位価格）オークション**と呼びます。

オークションの種類

公開型オークション

参加者の入札額が互いに公表され，
その情報をもとに意思決定が行われる

英国式オークション

最低値段から上がっていき，最高値を受け入れたものが競り落とす
㊐サザビーズのオークション，魚市場の競《せ》り

オランダ式オークション

最高価格から下がっていき，最初に申し出た時点の価格で落札される。落札までの時間が短いが早いのが特徴

非公開型（封印）オークション

参加者が各自で決めた値段を非公開（封印）で入札し，
最高値をつけたものが落札する

ファーストプライスオークション

最高値で入札した買手がその値段で落札する
㊐公共事業の業者選定，納入業者の合い見積もり

セカンドプライスオークション

最高値で入札した買手が競り落とすが，取引の値段は２番手の価格で落札する。真実の評価を開示させるメカニズムとして評価されている

公開型オークション①
英国式オークション：競り上げ

公開型の**英国式（イングリッシュ）オークション**は，最低価格から始まり，司会者（オークショニアー，競売人）が値段を一定間隔で引き上げていきます。上がっていく入札価格を承諾する最後の１人になれば落札となります。これは右図のような反復ゲームとして考えられます。

〈GAME 7-1〉 ある作家の生原稿を，熱烈なファンＸとＺがオークションで争っています。評価額は，Ｘが 30 万円，Ｚが 40 万円です。入札価格の単位は５万円です。また簡単な理解のために，互いに断念したときは取引不成立で双方利得０とします。

入札価格 30 万円よりゲームの木で表すと右頁の図となります（同じ入札価格では，ＸＺの順番は順不同）。当然自分の評価額を超えてしまうと，落札時の利得がマイナスになります。よって，このゲームは常に評価額が高いものが，２番手の評価額より一段階上の値段で落札することになります。そして，入札価格が自分の評価額に上がるまで承諾し続けるという単純な戦略が最適（(弱) 支配戦略）となるのです。

英国式オークションを解く

英国式オークション　最低価格から始まり，司会者が値段を一定間隔で引き上げる。上がっていく入札価格を承諾するか，断念するかの同時手番ゲームの反復と考える。

〈GAME 7-1〉作家原稿の英国式オークション

X の評価額：30 万円，Z の評価額：40 万円　　　　（利益単位：万円）

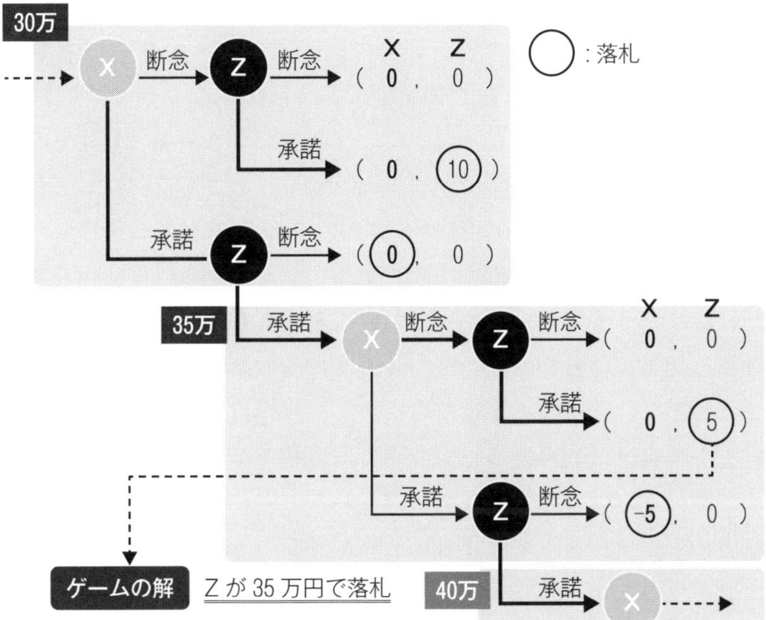

ゲームの解　Z が 35 万円で落札

2 番目に高い評価額より 1 段階上の値段で最高値のプレイヤーの落札が決まる

英国式オークションの最適戦略は入札価格が自分の評価額に上がるまで承諾し続けるという単純なもの

公開型オークション②
オランダ式オークション：競り下げ

公開型の**オランダ式（ダッチ）オークション**は，最高価格から始まり，司会者が値段を一定間隔で引き下げていきます。値段が下がるのを見送り，誰かが承諾を申し出た時点で，その価格で落札されます。

〈GAME 7-1〉の原稿オークションをオランダ式で考えてみます（双方承諾の場合，確率 1/2 で混合戦略の期待利得と考える）。入札価格が 40 万円まで下がったところで Z が承諾し，落札するように思えますが，Z もなるべく利得を増やしたいので，X が承諾しない間は見送りたいと考えます。

入札価格が 40 万からの同時ゲームの利得行列は右頁の表のようになります。X は 30 万まで値段が下がれば，マイナスの利得にならずに落札が可能になります。したがって，このゲームが情報完備で，Z が X の評価額を知っているならば，X の評価額の一段階上の入札価格で承諾します。しかし，情報が不完備ならば，Z は安全に評価額に近い価格で落札するか，自分の利得を増やすために，落札できないリスクをとって見送る（価格を下げる）かの選択を迫られることになります。情報が不完備な場合のファーストプライスオークションでも，本質的に同じトレードオフが生じます（p. 183 参照）。

オランダ式オークションを解く

オランダ式オークション　最高価格から始まり，司会が値段を一定間隔で引き下げていく。下がっていく入札価格を，承諾するか見送るかの同時手番ゲームの反復と考える。

〈GAME 7-2〉作家原稿のオランダ式オークション

Xの評価額：30万円，Zの評価額：40万円
※双方承諾の場合：確率1/2の期待利得

40万円

X＼Z	承諾	見送
承諾	(−5, 0)	(−10, 0)
見送	(0, 0)	

→ **35万円**

X＼Z	承諾	見送
承諾	(−2.5, 2.5)	(−5, 0)
見送	(0, 5)	

→ **30万円**

X＼Z	承諾	見送
承諾	(0, 5)	(0, 0)
見送	(0, 10)	

○：落札
◌：確率1/2で落札
(利得単位：万円)

ゲームの解　Zが35万円で落札

情報完備　2番手の評価額より1段階上の値段で最高値のプレイヤーの落札が決まる。

情報不完備　最高値のプレイヤーが安全に評価額に近い価格で落札するか，リスクを犯して相手の様子を見ながら見送るかの選択となる。

封印オークション①
ファーストプライスオークション

封印型の**ファーストプライスオークション**は，参加者が各自の希望価格を封印入札し，最高値をつけた入札者が，その価格で落札します。

〈GAME 7-1〉の原稿オークションをファーストプライス式で考えてみます。この方式は1回の同時ゲームと考え，入札価格が25万円から45万円の利得行列を右図のように表します。支配戦略はありませんが，ナッシュ均衡が3つあります（右頁の表の（25，30）（30，30）（30，35）です）。

このゲームは，自分の評価額を超える額で落札しても利得がマイナスになっていくだけです。その場合は，**劣位戦略のくり返し削除**という方法でゲームを解きます。具体的には，右頁の利得表に示してあるとおり，Xは，30万円以上で落札しても利得が0以下になるので，その部分を削除します。同様の理由で，Zも，40万円以上の部分を削除します。残った中で，Zは利得が最も大きい30万円を選び，2番手の評価額と同額となります。しかし，情報不完備であれば，Zは競り負けるリスクを考え，より自分の評価額に近い価格で落札することになります。

ファーストプライスオークションの均衡では，評価額の高いZが2番手Xの評価額に等しい30万円を入札して，その額を支払います。したがって，原稿の出品者（売り手）の収入は30万円，勝者Zの利得は，評価額から支払額を引いた10万円，敗者Xの利得は0となります。右頁の図の均衡利得（0，10）がそれに対応します。

劣位戦略のくり返し削除で解く

ファーストプライスオークション　参加者が各自の希望価格を封印入札し，最高値をつけたものが，その価格で落札。1回の同時手番ゲームとして考える。

〈GAME 7-3〉作家原稿のファーストプライスオークション

Xの評価額：30万円，Zの評価額：40万円
※双方承諾の場合：確率1/2の期待利得

情報完備のゲームの解　Zが30万円で落札

X＼Z	25	30	35	40	45
25	2.5, 7.5	0, 10	0, 5	0, 0	0, −5
30	0, 0	0, 5	0, 5	0, 0	0, −5
35	−5, 0	−5, 0	−2.5, 2.5	0, 0	0, −5
40	−10, 0	−10, 0	−10, 0	−5, 0	0, −5
45	−15, 0	−15, 0	−15, 0	−15, 0	−7.5, −2.5

Xの劣位戦略　**Zの劣位戦略**

○：落札　◌：確率1/2で落札　（利得単位：万円）

情報完備　劣位戦略の繰り返し削除で，2番手の評価額で落札

情報不完備　入札で負けるリスクを考慮し，より自分の評価額に近い価格で落札

封印オークション②
セカンドプライスオークション

封印型の**セカンドプライスオークション**は，参加者が各自の希望価格を封印して入札し，最高値をつけたものが，2番手の入札価格で落札します。

〈GAME 7-1〉の原稿オークションをセカンドプライス式で考えてみます。この方式も1回の同時手番ゲームと考え，利得行列を右頁の表のように表します。2番手の入札価格での落札になりますので，相手より高い評価をつけた時点で自分の入札額とは関係なく，相手の入札額が支払額となります。このとき，利得行列より，各自の**（弱）支配戦略**は自分の評価額を正しく入札することであり，他の戦略は同じかそれ以下の利得しか達成できないことがわかります。この方式であれば，情報不完備で互いの評価額を知らなくても，自分の評価額を正直に入札することで，最も評価の高い参加者に商品が配分され，効率的な利得の配分が達成可能であるため，理論的にも非常に注目されています。この方式は提唱者である1996年のノーベル経済学賞受賞者のヴィクリー（p. 7参照）の名前をとって**ヴィクリーオークション**とも呼ばれています。

なお，均衡では，評価額の高いZが2番手Xの入札額30万円を売り手に支払いますので，売り手の収入は30万円，Zの利得は，評価額から支払額を引いた10万円，Xの利得は0となります。注目すべきは，売り手の収入がファーストプライスのときと同じ30万円となることで，オークションの**ルールが異なるのに，同じ収入**となります。これを**収入等価定理**と言います。

画期的なオークション方式

セカンドプライスオークション

参加者が各自の希望価格を封印入札し，最高値をつけたものが，2 番手の入札価格で落札。1 回の同時手番ゲームと考える（別名ヴィクリーオークション）。

〈GAME 7-4〉作家原稿のセカンドプライスオークション

X の評価額：30 万円，Z の評価額：40 万円

※双方承諾の場合：確率 1/2 の期待利得　　（利得単位：万円）

X＼Z	25	30	35	40	45
25	**2.5**, 7.5	**0**, 15	**0**, 15	**0**, 15	**0**, 15
30	**5**, 0	**0**, 5	**0**, 10	**0**, 10	**0**, 10
35	**5**, 0	**0**, 0	**−2.5**, 2.5	**0**, 5	**0**, 5
40	**5**, 0	**0**, 0	**−5**, 0	**−5**, 0	**0**, 0
45	**5**, 0	**0**, 0	**−5**, 0	**−10**, 0	**−7.5**, −2.5

X の支配戦略

Z の支配戦略

情報完備ゲームの解

Z が 30 万円で落札

情報不完備でも自分の評価額を正直に入札することが支配戦略となり，効率的な商品の分配が可能

ファーストプライスオークションとベルトランの価格競争

2つの建設業者XとZが，政府が設計する公共工事の競争入札に参加しています。建設業者XとZの工事の費用（コスト）はそれぞれ10億円，20億円であり，1番安い価格（入札額）を提示した業者が工事を請負います。このとき，業者XとZ間のゲームは，本質的には，封印型のファーストプライスオークションであり，参加者が各自の希望価格を封印入札し，最低値をつけた入札者が，その価格で落札するのです。

〈GAME 7-5〉 この方式を1回の同時手番ゲームと考え，入札価格が5億円から25億円であるときの利得行列を右図のように表します。両者とも支配戦略はありませんが，ナッシュ均衡が3つあります（右頁の表の（15，20）（20，20）（20，25）です）。

このゲームでは，自分の費用を下回る額で落札しても利得がマイナスになっていくだけですので，**劣位戦略のくり返し削除**という方法で均衡を精緻化します。Xは，10億円以下で落札しても利得が0以下になるので，その部分を削除します。同様にZも，20億円以下の部分を削除します。残った候補の中で，Xは利得が最も大きい20億円を選び，2番手の費用と同額となります。この結果は，「価格引き下げの**ベルトラン競争**」の均衡結果と同じものです。

よって，低費用の業者Xが落札者となり，政府は業者Xに20億円を支払います。業者Xは実際の費用との差10億円を利潤として得ることができ，業者Zは何も得られません。

劣位戦略のくり返し削除で解く

〈GAME 7-5〉公共工事の競争入札＝ファーストプライスオークション

Xの費用：10億円，Zの費用：20億円
Xの入札価格 P_X，Zの入札価格 P_Z
※双方承諾の場合：確率1/2の期待利得
建設業者XとZの利得関数 U_X，U_Z は以下のとおり。

$$U_X=\begin{cases} P_X-10 & \text{if} \quad P_X<P_Z \\ \frac{1}{2}(P_X-10) & \text{if} \quad P_X=P_Z \\ 0 & \text{if} \quad P_X>P_Z \end{cases} \qquad U_Z=\begin{cases} P_Z-20 & \text{if} \quad P_Z<P_X \\ \frac{1}{2}(P_Z-20) & \text{if} \quad P_Z=P_X \\ 0 & \text{if} \quad P_Z>P_X \end{cases}$$

情報完備のゲームの解　Xが20億円で落札

P_X ＼ P_Z	5	10	15	20	25
5	**−2.5, −7.5**	−5, 0	−5, 0	−5, 0	−5, 0
10	0, −15	0, −5	0, 0	0, 0	0, 0
15	0, −15	0, −10	**2.5, −2.5**	**5**, 0	**5**, 0
20	0, −15	0, −10	0, −5	**5**, 0	10, 0
25	0, −15	0, −10	0, −5	0, 0	**7.5, 2.5**

Xの劣位戦略　　**Zの劣位戦略**

均衡結果　劣位戦略のくり返し削除で，1番手の業者が2番手の業者の費用で落札＝**ベルトランの価格競争**の結果と同じ。

オールペイオークション（All-Pay Auction）と破滅的競争

ファーストプライスオークションでは，参加者が各自の希望価格を封印入札し，最高値をつけた入札者が，その価格で落札しました。ここでは，2番目に高い価格をつけた参加者も，自分の入札価格に等しい金額を払わなければならないとします。すなわち，勝つか否かにかかわらず，自分の付け値を全員が払わなければならないのです。この方式を，オールペイ（全員支払い）オークションといいます。

〈GAME 7-6〉〈GAME 7-1〉の原稿オークションをオールペイ（全員支払い）式で考えてみます。1回の同時手番ゲームと考え，入札価格が25万円から40万円のときの利得行列を右頁の表のように表すと，ナッシュ均衡が4つあることがわかります。（右頁の表の（30，30）（35，35）（40，40）（45，45）です。）このゲームの特徴は，自分の評価額を超える額で落札すると利得がマイナスになるにもかかわらず，入札価格が高騰していくことです。その理由は，ひとたび2人の参加者が入札すれば，入札価格が低かった方の参加者が必ず価格を引き上げたいと思うからです。たとえば，Xが30，Zが35の価格を入札した場合，Xは，現在のままでは30を失ってしまいますが，相手にマッチして価格を35へ上げれば，確率2分の1で財を落札でき，期待利得は（1/2）(30－35)＝－2.5となるため，価格を上げるインセンティブを持ち，（35，35）が均衡となるのです。同様に，このゲームは，（45，45）という両者損失をこうむる高値付け値状態も均衡となり，果てしない泥仕合となる破滅的競争状態を表しています。こうした「競争の罠」に陥らないためには，事前段階で「参加しない」ことが最適なのです。

果てしない泥仕合となる破滅的競争

〈GAME 7-6〉オールペイオークション

Xの評価額 $V_X = 30$ 万円，Zの評価額 $V_Z = 40$ 万円
Xの入札価格 P_X，Zの入札価格 P_Z
※双方承諾の場合：確率1/2の期待利得
参加者XとZの利得関数 U_X，U_Z は以下のとおり。

$$U_X=\begin{cases} V_X-P_X & \text{if} \quad P_X>P_Z \\ \frac{1}{2}(V_X-P_X) & \text{if} \quad P_X=P_Z \\ -P_X & \text{if} \quad P_X<P_Z \end{cases} \qquad U_Z=\begin{cases} V_Z-P_Z & \text{if} \quad P_Z>P_X \\ \frac{1}{2}(V_Z-P_Z) & \text{if} \quad P_Z=P_X \\ -P_Z & \text{if} \quad P_Z<P_X \end{cases}$$

情報完備のゲームの解　破滅的な競争

P_X \ P_Z	25	30	35	40	45
25	**2.5**, 7.5	**−25**, **10**	−25, 5	−25, 0	−25, −5
30	0, −25	**0**, **5**	−30, 5	−30, 0	−30, −5
35	−5, −25	−5, −30	**−2.5**, **2.5**	−35, 0	−35, −5
40	−10, −25	−10, −30	−10, −35	**−5**, **0**	−40, −5
45	−15, −25	−15, −30	−15, −35	−15, −40	**−7.5**, **−2.5**

均衡結果
(30, 30) (35, 35) (40, 40) (45, 45)
入札価格のマッチレース的な高騰

応用例
ロビーイングや政治活動のモデル
果てしない軍備拡張競争
労働契約でのトーナメント競争

オークション落札者を襲う 勝者の災い（Winner's Curse）

作家の原稿は極めて個人的な価値を持つものですが，不動産などのように明確な市場価値を持つ品のオークションもあります。たとえば落札した不動産を宅地開発して，その後の転売が目的であったとします。オークションは複数のプレイヤーの評価額の中で1番高い評価額の入札者が落札します。したがって，落札はしたものの適切な市場価値を見誤っていると実際の市場価値よりも高い値段で落札し，転売時に損害が出る可能性があります。この現象を「**勝者の災い**」と呼びます。

特に，**ファーストプライス式**のオークションは，情報が不完備の場合，商品を失うリスクを避けるため，慎重さを忘れて高めの入札をしがちです。したがって，勝者の災いにかかりやすいといえます。一方，**セカンドプライス式**は情報不完備であっても，2番手の評価額が落札価格となるので，そのリスクは低くなります。勝者の災いは，企業特殊的人的資本のため，労働者が外部企業よりも現在の雇用主にとって高い価値がある場合，外部企業が高い給与を出して労働者を引き抜いても，外部企業にとって労働者の価値はそれほど高くなく，過剰支給で損をするという「引き抜き」の文脈でも起こります。

ゲーム理論が想定する「合理的」な入札者は，均衡ではこのような近視眼的な戦略を取らないはずです。つまり，**慎重さを含む戦略を採用**して，**入札額を低めに設定し，勝者の災いの可能性を減らす**わけです。よって，右頁が示す通り，**勝者の災いに陥るリスクの高いファーストプライス式オークションほど，入札額が割り引かれる**（売り手にとっては期待収入が低くなる）ことになり，**収入等価定理は成立しない**ことになります。

勝者の災いとは

市場価値（真の価値）を見誤るリスク

不動産のオークション

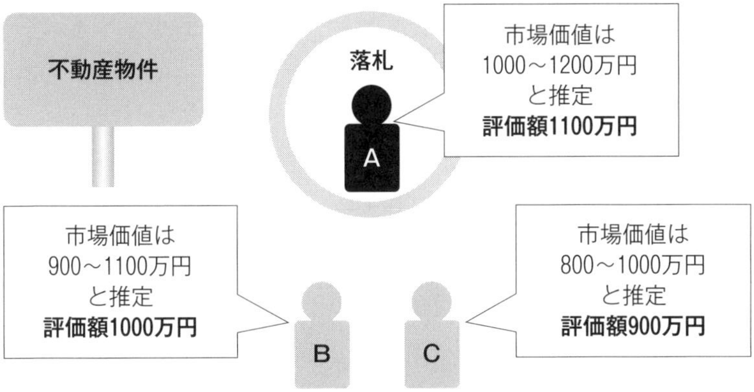

➡実際の価値が 1100 万円以下なら，高値で落札したＡは損害をこうむる

勝者の災い　実際の価値よりも高い値段で商品を落札して，勝者が損害をこうむること

オークション方式によるリスクの差

オランダ式　**ファーストプライス式**

情報不完備の場合，最高値の評価額で落札するので，勝者の災いにかかりやすい

英国式　**セカンドプライス式**

情報不完備の場合でも，2番目の評価額で落札するので，勝者の災いにかかりにくい

身近なオークション

インターネットオークション：自動入札方式

近年オークションは日常生活にも普及してきました。**インターネットオークション**の登場です。「Yahoo!」などの大手オークションサイトの多くは**自動入札**という仕組みを採用しています。

参加者はまず入札時に最高入札額を設定します。最高値の入札者の入札額は非公開で，**公開されるのは現在価格**です（初回入札時，現在価格は開始価格となる）。他のプレイヤーの入札があると，最高値の入札者の最高入札額に達するまで，現在価格が入札単位ごとに自動的に繰り上がっていきます。たとえば，〈GAME 7-7〉として開始価格1万円のデジタルカメラのオークションを考えてみると，右頁の図のようになります。

右頁では，入札者Aが15000円を入札すると，開始価格10000円が現在価格となります。次に入札者Bが10000円を上回る12000円を入札しますが，Aが最高値入札者であることは変わらず，現在価格は2番手Bの入札額に入札単位1000円を加えた13000円となります。次に入札者Cが20000円を入札すると，最高入札者はCに代わり，現在価格はそれまでの最高入札者Aの入札額15000円の1単位上の16000円となります。最後に入札者Dは17000円を入札しますが，Cが最高入札者であることは変わらず，現在価格は2番手Dの入札額に1単位加えた18000円となって入札は終了します。

便利で理想的なオークション

自動入札方式

非公開の最高入札額を設定し，最高入札額が，他のプレイヤーに更新されるまで，2番手の入札額によって自動的に競り上げ入札が行われる

〈GAME 7-7〉デジタルカメラ自動入札

デジタルカメラを，A，B，C，Dが入札したときの落札までの現在価格の変動　※同額入札は，先に入札したプレイヤーを優先

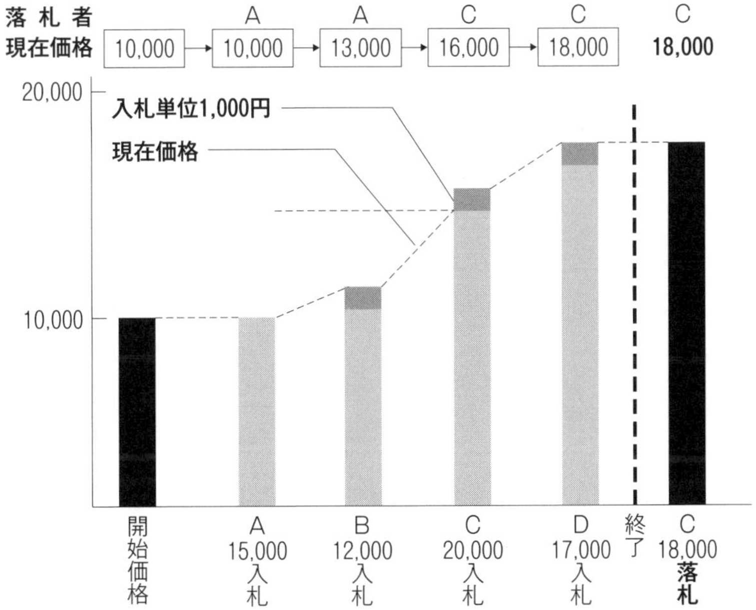

自動入札方式は，本質的に，最高値の入札者が2番手の入札価格で落札するという**セカンドプライスオークション**とみなすことができるので，参加者は**真の評価額**を入札するのが**弱支配戦略**となる。

指名競争入札と一般競争入札

オークションと談合（Collusion）：くり返しゲーム

オークションにおいて，入札者が**談合**（業者同士が入札価格や利益配分を内密に相談）して，不正を行う可能性について，再度，考えてみましょう。政府（依頼人）が建設業者（代理人）に公共工事を委託するとき，一般に入札が行われます。一番安い価格を提示した業者が請け負いますが，一定額（予定価格）以下でないと，再度入札となります。

入札には**指名競争入札**（指定業者のみ参加）と**一般競争入札**（自由参加）があります。日本では，これまで右頁の図のような指名競争入札が多く，長い付き合いから，業者同士だけでなく業者と政府の関係も緊密になり，予定価格も大よそ業者に伝わることも多くなります。そして毎年の指名競争入札が行われるなかで，談合の余地が生じていました。

右頁の表のように，1回限りのゲームは「囚人のジレンマ」の構造で，競争のみが支配戦略均衡（ナッシュ均衡）となりますが，**無限回くり返しゲーム**の下では，将来利得の割引因子δが十分大きければ，均衡において談合が可能になります。

しかしそのとき，政府は公共工事を**高価格で調達**していることになり，国民という主役プレイヤーの税金（利得）が無駄に支出されているという本質的な弊害があります。

オークションにおける談合のメカニズム

〈GAME 7-8〉公共工事の入札ゲーム

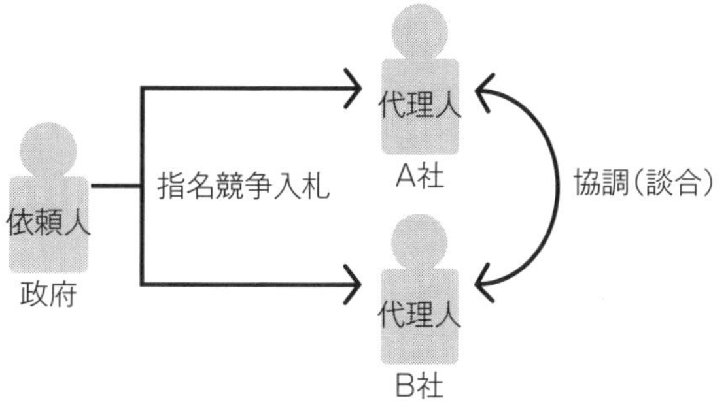

（　）：政府の利得＝国民の利得

A ＼ B	協調（談合）	競争
協調（談合）	**6**, 6, （6）	**0**, 9, （9）
競争	**9**, 0, （9）	2, 2, （15）

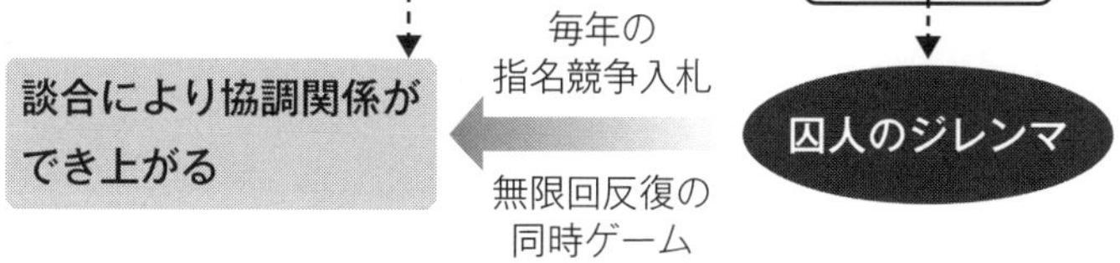

＊業者（入札者）の長期的なインセンティブ構造

「トリガー戦略」の下で，「短期的な利益≦長期的な損失」のとき，談合可能となる。逸脱のインセンティブ（短期的な利益）は $9-6=3$

長期的な損失（毎期 $6-2=4$ の談合利得を逸失）は $\delta \dfrac{4}{1-\delta}$

よって，$3 \leq \delta \dfrac{4}{1-\delta} \Leftrightarrow \delta \geq \dfrac{4}{7}$ のとき，談合可能となる。

評価額（タイプ）が連続で一様分布に従うケース

ファーストプライス封印オークションの均衡：連続タイプのケース

入札者A，Bがいて，自分の評価額（タイプ）は知っていますが，相手の評価額は知らないとし，評価額は０と１の間の**一様分布**に従うとします。各入札者は相手の入札額を知らずに入札し（封印入札），最高値をつけた入札者がその付け値で落札する，ファーストプライスオークションを考えます。いま，入札者Aは，入札者Bが評価額 V_B の一定の割合 k（$k>0$）に等しい入札額 kV_B を入札すると想定しているとします。このとき，入札者Aは，自分の入札額 b_A が kV_B よりも大きい，$b_A \geq kV_B$ のときに，落札することができます。$V_B \leq \frac{b_A}{k}$ と変形すると，Aが勝つ確率は，V_B が $\frac{b_A}{k}$ 以下となる確率で，$\frac{b_A}{k}$ です。Aが勝てば，自分の評価額 V_A と落札額 b_A の差 $V_A - b_A$ を利得として得ることができ，負ければ何も得られません。よって，Aの期待利得は $\frac{b_A}{k}(V_A - b_A)$ であり，最適な入札額 b_A^* は，右頁より $\frac{V_A}{2}$ となります。つまり，**自分の評価額の半分を入札**することが最適反応となるのです。以上は，入札者Bについても当てはまりますので，お互いに自分の**評価額の半分**を入札するのが，ナッシュ均衡となるのです。

ファーストプライスオークション：連続タイプ＋一様分布

入札者Ａの問題は $\underset{\{b_A\}}{\mathrm{Max}}\,\dfrac{b_A}{k}(V_A-b_A)$ であり，これを入札額 b_A について**微分してゼロとおく**と $V_A-2b_A=0$ が得られる。この**最適化の１階条件**を解いて，最適反応 $b^*_A=\dfrac{V_A}{2}$ が求まる。図示すると，次のようになる。

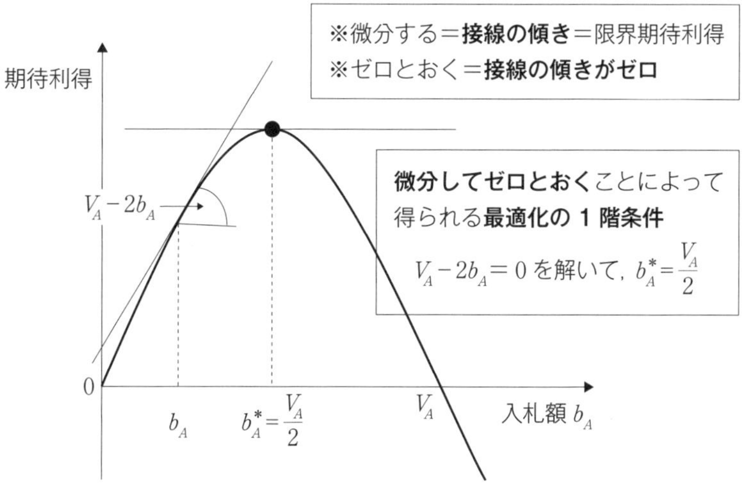

（直観） $\dfrac{b_A}{k}(V_A-b_A)$ は，横軸と 0 と V_A で交わる**上に凸の２次の放物線**であるので，上図を描き，最大値は $b^*_A=V_A/2$ で達成されるとわかる。入札額を $V_A/2$ より高くすると，勝つ確率は増えるが勝った場合の利益は減る（限界期待利得は負）。一方，入札額を $V_A/2$ より低くすると，勝った場合の利益は増えるが勝つ確率がより減るので，もう少し入札額を上げた方がよい（限界期待利得は正）。したがって $V_A/2$ が最適となる。

第 8 章

不確実性と情報の経済学

リスク態度とリスクプレミアム

危険に対する保険金
リスクプレミアム

1/2の確率で100万円が当たる博打《ばくち》くじがあるとします。外れると何ももらえません。この博打くじか現金50万円をもらえるとしたら，どちらを選ぶでしょうか？　このくじの期待値は100万円×1/2＝50万円なので，現金と等価ととらえることもできます。しかし，多くの人は現金を選びます。

理由は，博打くじには「100万円」を手にする可能性とともに，「何もなし（利得0）」という**リスク**も潜んでいるからです。このような選択をする人を**リスク回避《かいひ》的**と呼び，反対に博打くじを好む人を**リスク愛《あい》好《こう》的**と呼びます。また，博打くじと現金とで，期待値が等しければ，2つを無差別（等価値）だと考える人を**リスク中立《ちゅうりつ》的**と呼びます。

では，リスク回避的な人にとって，いくらの現金なら，博打くじと価値が等しいでしょうか？　仮に33万円で，博打くじと等価値と判断すると，この33万円を**確実性同《かくじつせいどう》値《ち》額《がく》**と呼びます。また，期待値50万円との差額が17万円になり，これを**リスクプレミアム**と呼びます。つまり，リスク（危険）を見積もる分だけプレミアム（保険金）がつくのです。

以上のリスク選好（リスク態度）に関わる概念は，**契約理論**の基本設定において使われます。（依頼人はリスク中立的で，代理人はリスク回避的と仮定する，など。）

リスクをどうとらえるか

リスクに対する選好

〈GAME 6-1〉博打くじ

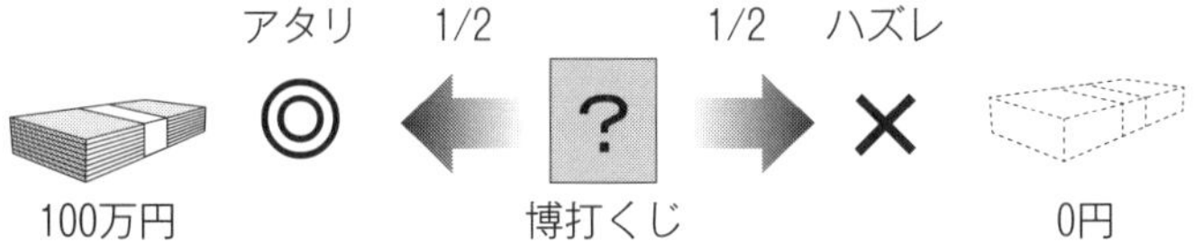

期待利得　100×1/2＋0×1/2＝50(万円)

●リスクを避ける人は
博打くじ ＜ 現金 50 万円 ＝ リスク回避的

●リスクを好む人は
博打くじ ＞ 現金 50 万円 ＝ リスク愛好的

●無差別な人は
博打くじ ＝ 現金 50 万円 ＝ リスク中立的

リスクプレミアムとは

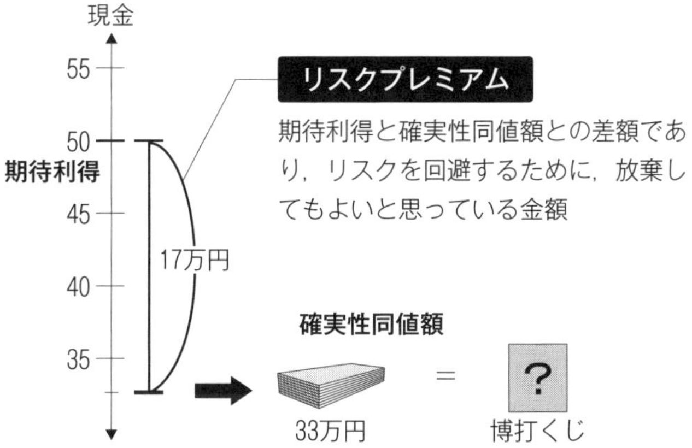

期待効用最大化，確実性同値額，リスクプレミアム：例題①

ある人が，右頁上のような効用関数を持っているとします。この人は初期資産として20を持っています。いま，ある賭け（「くじ」）を考え，その賭けで勝つと，初期資産20に加えて20の利益を得，負けると20の損失をこうむるものとします。また，賭けに勝つ確率（見込み）は，p（$0<p<1$）であるとしましょう。このくじを引かないときは初期資産20を保有し続けますので，この人が確保できる効用は，$U(20)=0.17$ です。$U(20)$ は，金額20のときの効用値を表し，それは右頁の表より，0.17です。上のくじを引くときの期待効用は，勝ったときの金額 $20+20=40$ から得られる効用 $U(40)=0.26$ と負けたときの金額 $20-20=0$ から得られる効用 $U(0)=0$ の期待値ですので，$p\times U(40)+(1-p)\times U(0)=0.26p$ となります。

よって，不確実性下の行動基準である「**期待効用最大化原理**」に従って行動する場合，くじを引くときの期待効用 $0.26p$ が，くじを引かないときの期待効用より大きくなるとき，つまり，$0.26p \geq 0.17 \Leftrightarrow p \geq 17/26$ のとき，「くじを引く」が選ばれます。

特に $p=11/13$ であるときは，期待効用は $0.26\times 11/13=0.22$ であるので，その期待効用を得させてくれる安全確実なくじの金額である**確実性同値額**は，$0.22=U(30)$ より30となります。

期待効用最大化の例題

ある人の効用関数

金額	0	10	20	30	40
効用	0	0.1	0.17	0.22	0.26

くじ$\begin{cases} 20+20=40 & \text{w.p} \quad p \\ 20-20=0 & \text{w.p} \quad 1-p \end{cases}$（（注）を参照）を引くことから得られる期待効用は，各々の結果 40，0 から得られる確実な効用 $U(40)$，$U(0)$ の期待値であるので，$p\times U(40)+(1-p)\times U(0)=0.26p$ となる。特に，$p=11/13$ であるときには，期待効用は $0.26\times 11/13=0.22$ であるので，確実性同値額（その期待効用 0.22 と価値が等しくなる安全確実なくじの金額）は上表より，$0.22=U(30)$ となる 30 となる。よって，「他の人にリスクを 100%吸収してもらうことに対して，支払ってもいいと考える最大の額」である**リスクプレミアム**は，期待金額 $(11/13)\times 40$ と確実性同値額 30 の差 50/13 となる。

（注）くじ$\begin{cases} 40 & \text{w.p} \quad p \\ 0 & \text{w.p} \quad 1-p \end{cases}$は，$p$ の確率で 40，$1-p$ の確率で 0 となる確率的に変動する収益機会で，w.p は with probability（～の確率で）の略です。

応用例　保険契約

上の効用関数を持つ，初期資産 30 の損害保険会社が，ある企業と地震保険の契約を結ぶか否かを検討している。生起確率 $p=2/13$ で地震が生起したときの企業の損害の大きさは 30 で，それを完全に補償してやる代わりに，地震が起きない平時には 10 の保険料を企業から受け取るというものだ。損害保険会社にとっては，この損保契約と等価値の確実性同値額は（これまでの説明によって）30 であり，よって，地震の生起確率が 2/13 以下なら，契約を結ぶ価値がある。

期待効用最大化の例題②：
連続変数のケース

初期資産10億円の投資家が，総投資額10億円のプロジェクトに1/2の出資を求められています。このプロジェクトの最終収益は，成功すれば20億円ですが，失敗すれば0であるとします。各投資家は「出資比率に応じて分配を受ける」としましょう。また，このプロジェクトの成功確率は6割であるとこの投資家は信じています。つまり，この投資家にとって，プロジェクトに参加することは，右頁より，確率0.6で成功して15億円を得，確率0.4で失敗して5億円を得る「くじ」を引くことにほかなりません。この投資家は，資産X億円に対して効用水準$U(X)$を対応させる効用関数$U(X)=40X-X^2$（$X<20$）を持っていて，Xは0以上20未満の連続変数をとるものとします。

まず，この投資家の「危険に対する態度」を確認しましょう。右頁の図のとおり，効用関数の形状は，上に凸の形状をしており，期待金額が同じであれば，安全確実なくじの方が，リスクのあるくじよりも期待効用が高く，安全なくじを選好することがわかります。これは「**リスク回避的**」な態度を意味します。

次に，この投資家が1/2出資に応じるか否かですが，右頁のように「応じない」場合は300の効用を得ることができ，「応じる」場合は295の期待効用を得られるので，「応じない」方が（期待）効用が高く，「期待効用最大化仮説」より，「応じない」が最適な意思決定になります。1/2の出資は，リスク回避的なこの投資家にとっては，参加するにはリスクが大きすぎるのです。

期待効用最大化問題：連続変数

プロジェクトへの参加（不確実性下の選択）→ “くじを引く”

・ここでの “くじ” $\begin{cases} 10+(1/2)\cdot 20-(1/2)\cdot 10=15 & \text{w.p } 0.6 \quad 成功 \\ 10+(1/2)\cdot 0-(1/2)\cdot 10=5 & \text{w.p } 0.4 \quad 失敗 \end{cases}$

くじの期待金額は，$0.6\times 15+0.4\times 5=11$

・投資家の効用関数は下図の太い曲線であり「リスク回避的」である。

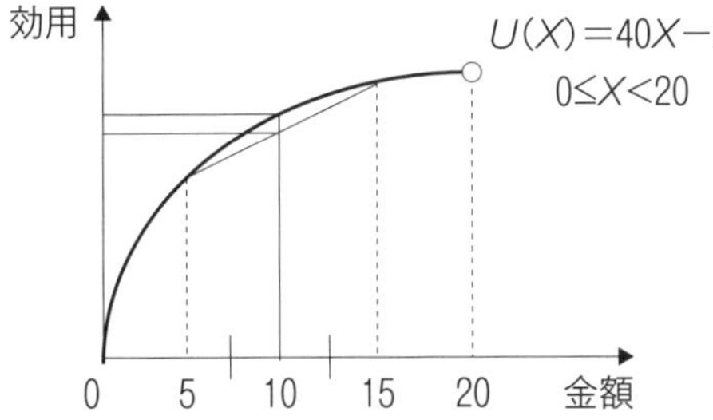

図は，期待金額が同じ10である2つのくじ：

{確率1で10}，{確率1/2で5，確率1/2で15}

に対して，安全確実なくじ{確率1で10}の方が，リスクのあるくじ（後者）よりも期待効用水準（縦軸の値の水準）が高いことを意味するので，この人は，「**リスク回避的**」であることがわかる。

・1/2出資に「応じない」場合の効用は $U(10)=40\cdot 10-10^2=300$，「応じた」場合は，{確率0.6で15，確率0.4で5}のくじを引いたときの期待効用 $0.6\times U(15)+0.4\times U(5)$ が得られる。

$$U(15)=40\cdot 15-15^2=375,\quad U(5)=40\cdot 5-5^2=175$$

より，期待効用は295となり，300>295より，「応じない」が最適となる。

ポートフォリオ選択の理論

ポートフォリオ選択とリスク分散

投資家が，初期資産W円を，安全資産とリスク資産にどう配分・運用するか考えているとします。

投資対象　✓安全資産（現金・預金）……利回り0だがリスクなし
（ノーリスク・ノーリターン）

✓リスク資産（株式・債券）

$$\begin{cases} \rho_1 > 1 & \text{w.p } p \quad \text{状態1（Good）} \\ \rho_2 < 1 & \text{w.p } 1-p \quad \text{状態2（Bad）} \end{cases}$$

pは状態1の生起確率。ρ_1，ρ_2は状態1，2での粗（グロス）の収益率を表します。投資家が，S円をリスク資産（株式・債券）で，残り（$W-S$）円を安全資産で運用しようと考えています。そのときの**最適な運用方法**を考えてみましょう。これが「ポートフォリオ選択」の問題です。

すると，リスク資産に1単位追加的に投資したときに，確率pで状態1が生起し，そのとき得られるキャピタルゲインによる効用増（状態1での期待限界効用）と，確率$1-p$で状態2が生起し，そのときこうむるキャピタルロスによる効用減（状態2での期待限界不効用）がちょうどバランスするところまでリスクをとることが最適となり，《**リスク分散**》が重要なメッセージとして得られます。

期待効用最大化を用いて分析する

S 円をリスク資産（株式・債券）へ投資したときの期末の資産額は，

状態 1 が生起したとき，$W_1=W-S+\rho_1 S=W+(\rho_1-1)S$
状態 2 が生起したとき，$W_2=W-S+\rho_2 S=W-(1-\rho_2)S$

「**リスク資産（株式・債券）へ S 円だけ投資する**」というのは，

$$\begin{cases} W_1=W+(\rho_1-1)S & \text{w.p } p \quad \text{状態 1} \\ W_2=W-(1-\rho_2)S & \text{w.p } 1-p \quad \text{状態 2} \end{cases}$$

の“くじを引く”ことと同値。そのときの投資家の期待効用は，

$$pU(W_1)+(1-p)U(W_2)=pU(W+(\rho_1-1)S)+(1-p)U(W-(1-\rho_2)S)$$

内点解（$0<S^*<W$）を仮定すると，**最大化のための 1 階条件**は，

$$\underbrace{p(\rho_1-1)U'(W+(\rho_1-1)S)}_{\text{第 1 項}}-\underbrace{(1-p)(1-\rho_2)U'(W-(1-\rho_2)S)}_{\text{第 2 項}}=0$$

解釈：リスク資産に 1 単位追加的に投資したときに，
第 1 項：確率 p で状態 1 が生起し，そのとき（ρ_1-1）のキャピタルゲインが生まれることによる期待限界効用。
第 2 項：確率 $1-p$ で状態 2 が生起し，そのとき（$1-\rho_2$）のキャピタルロスをこうむることによる期待限界不効用。
⇒最適なリスク資産投資 S^* では《**リスク分散**》が行われる。

ポートフォリオ選択の理論の応用

事業ポートフォリオの選択と事業リスクの分散

経営者が，キャッシュフロー（手元資金）W円を，安定成長分野と急成長分野にどう配分するかという事業ポートフォリオの編成問題は，ポートフォリオ選択の応用問題となります。

事業分野　✓安定成長分野……利潤は小さいがリスクも小さい
（ノーリスク・ノーリターン）

✓急成長分野

$$\begin{cases} \rho_1 > 1 & \text{w.p } p & \text{状態 1 (Good)} \\ \rho_2 < 1 & \text{w.p } 1-p & \text{状態 2 (Bad)} \end{cases}$$

（ハイリスク・ハイリターン）

pは状態1の生起確率。ρ_1，ρ_2は状態1，2での粗（グロス）の収益率。キャッシュフロー（手元資金）W円を持つ経営者が，S円を急成長分野で，残り（$W-S$）円を安定成長分野に配分しようと考えています。最適な配分を考えてみましょう。

すると，リスクのある急成長分野へ1単位追加的に配分したときに，確率pで状態1が生起し，そのとき得られる純利益による効用増（状態1での期待限界効用）と，確率$1-p$で状態2が生起し，そのときこうむる純損失による効用減（状態2での期待限界不効用）がちょうどバランスするように，急成長分野への配分額S^*と安定成長分野への配分額$W-S^*$を選ぶのが最適となり，《**リスク分散**》が重要な経営方針として得られます。

ポートフォリオ選択のモデルと同じ構造

S 円を急成長分野へ配分したときの期末の収益は，

状態1が生起したとき，$W_1=W-S+\rho_1 S=W+(\rho_1-1)S$
状態2が生起したとき，$W_2=W-S+\rho_2 S=W-(1-\rho_2)S$

「リスクのある急成長分野へ S 円だけ投資する」というのは，

$$\begin{cases} W_1=W+(\rho_1-1)S & \text{w.p } p & \text{状態1} \\ W_2=W-(1-\rho_2)S & \text{w.p } 1-p & \text{状態2} \end{cases}$$

という“不確実性下の選択”と同値。そのときの経営者の期待効用は，

$$pU(W_1)+(1-p)U(W_2)=pU(W+(\rho_1-1)S)+(1-p)U(W-(1-\rho_2)S)$$

内点解（$0<S^*<W$）を仮定すると，**最大化のための1階条件**は，

$$\underbrace{p(\rho_1-1)U'(W+(\rho_1-1)S)}_{\text{第1項}}-\underbrace{(1-p)(1-\rho_2)U'(W-(1-\rho_2)S)}_{\text{第2項}}=0$$

解釈：リスクのある急成長分野へ1単位追加的に配分したときに
第1項：確率 p で状態1が生起し，そのとき（ρ_1-1）の純利益が生まれる。それによる効用増（期待限界効用）がどれだけか。
第2項：確率 $1-p$ で状態2が生起し，そのとき（$1-\rho_2$）の純損失をこうむる。それによる効用減（期待限界不効用）がどれだけか。
⇒最適な事業ポートフォリオ⇒《リスク分散》《リスクヘッジ》

第 9 章

契約理論：モラルハザード

契約理論とは

依頼人と代理人の関係に代表される契約理論

契約理論は，相手から望ましい行動を引き出すために，どのような契約（**拘束条件**）を設定すればよいかを考えます。ゲーム理論を基礎としたミクロ経済の一分野で，**企業統治**（**コーポレートガバナンス**）や公的規制，法律・制度などの問題を分析するのに応用されています。

特に**依頼人**（**プリンシパル**）と**代理人**（**エージェント**）の関係が代表的な契約問題とされます。具体的には，上司と部下，株主と経営者，患者と医者，国民（有権者）と政治家，政府と被規制企業のような関係において，代理人のパフォーマンスを引き出して，依頼人がより多くの利得を得るためにはどのような契約を結べばよいかを考えます。この「頼む・頼まれる」の関係の本質は，代理人の働きが，本人の利得だけでなく，依頼人の利得にも影響を及ぼすという点にあります。

したがって，契約理論の扱う問題（情報の偏りの下での戦略的行動）は，ゲーム理論の考え方を用いて分析することが可能です。2014 年度のノーベル経済学賞を受賞したジャン・ティロールは，契約理論の枠組みで，政府の規制に伴うさまざまな問題を網羅的に分析した研究が評価されました。特に第 10 章の pp. 230-235 が，関連ある基本モデルです。

2016 年 10 月には，オリバー・ハートとベント・ホルムストロムが，「契約理論への貢献」でノーベル経済学賞を受賞しました（p. 7 参照）。前者は第 11 章の不完備契約理論の構築，後者は本章モラルハザードのチーム生産の理論への貢献（pp. 212-215）が有名です。

依存し合う利得の問題を解決

契約理論とは

契約理論

相手から望ましい行動を引き出すための契約（拘束条件）設定についての理論。企業統治（コーポレートガバナンス）や公的規制，法律・制度などに活用されている。

依頼人と代理人の関係とは

頼む―頼まれるの関係

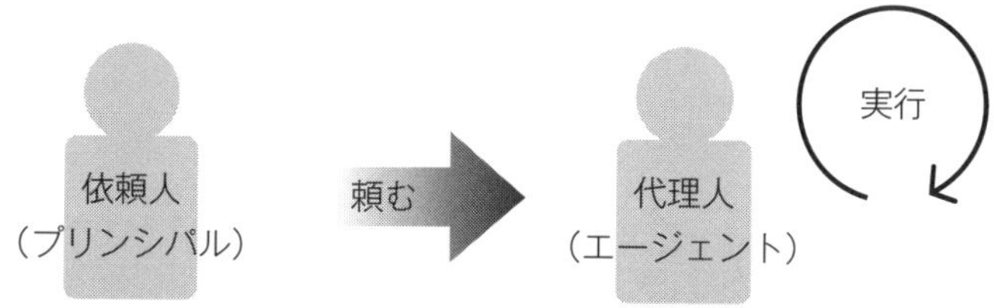

依頼人	代理人
上司	部下
株主	経営者
患者	医者
旅行者	旅行代理店
政府	被規制企業

依頼人と**代理人**の関係の本質は，代理人の働きが本人の利得だけでなく，依頼人の利得にも影響を及ぼす点にある（＝戦略的相互依存関係）

非対称情報の事例

依頼人と代理人のさまざまな情報の非対称性

依頼人と代理人の間で，すべての情報が完備されていれば問題は起こりにくいものです。しかし，現実には，両者間に**情報の非対称性**《ひたいしょうせい》（偏り）があるために，さまざまな経済活動の歪みや非効率性が発生します。

契約前に発生する情報の偏りとして，**特性情報**（代理人の能力や生産性など）の非対称性があります。たとえば，雇用前に上司が部下の能力や特徴を把握できない状態を指します。（これは「**アドバースセレクション**（**逆選択**）（p. 222）」を生じさせます。）

契約後に発生する情報の偏りとして，**行動情報**の非対称性があります。これは，代理人の行動を監視できないことによる情報の偏りです。たとえば，上司は現場で部下が最善を尽くしたのか，適当な仕事をしたのか把握できない状態のことです。（これは「**モラルハザード**（p. 202）」を生じさせます。）

第３者との間に発生するのは**立証不可能性**《りっしょうふかのうせい》です。依頼人と代理人の間では情報は対称的ですが，第３者（法廷）に立証することができない状態です。たとえば，努力や投資水準を第３者に客観的に証明できないこともあります。（これは「**ホールドアップ問題**（p. 238）」につながります。）

プレイヤー間の情報の偏り

情報の非対称性　プレイヤーの間に情報の偏りがあること

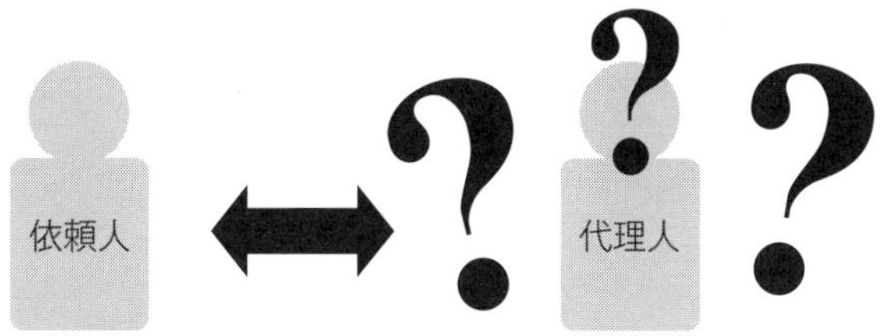

特性情報の非対称性

契約前から発生している。**依頼人**が**代理人**の能力などの特性を正確に把握していない状態

㊎ 上司が部下の能力や性格などを正確に把握できない

⇒「アドバースセレクション（逆選択）（p. 222）」

行動情報の非対称性

契約後に発生する。**依頼人**が**代理人**の行動を監視できないため，代理人が最善を尽くしたのか適当な仕事をしたのかわからない状態

㊎ 上司が部下の現場の仕事ぶりを正確に把握できない

⇒「モラルハザード（p. 202）」

立証不可能性

依頼人と**代理人**の間では情報を共有しているが，第3者（法廷・裁判所）に立証することができない状態

㊎ 記録されていない部下の努力や能力

⇒「ホールドアップ問題（p. 238）」

怠慢は情報の偏りが原因

行動情報の非対称性によって発生するモラルハザード

旅行保険に入って安心してしまった加入者が，盗難や怪我に対する注意を怠ると，事故率が平均値よりも上昇してしまいます。そして結果として保険料の設定も上がることがあるのです。このような現象を**モラルハザード**と呼びます。これは文字通りモラル（道徳観・倫理観）の欠如という保険業界の用語からきています。現在では，支援要素がかえって非効率を助長するような構造の社会現象を表す言葉としても浸透しています。

ゲーム理論では，モラルハザードを単なるモラルの問題ではなく，**情報の偏在**が原因だと分析します。つまり，依頼人は代理人の行動を監視することができないために，代理人の行動に歪みが生じ，結果として保険料が上がってしまうなど，効率的な経済活動が妨げられていると考えます。

保険の例でいえば，保険加入者（代理人）の注意努力（**行動情報**）は通常，保険会社（依頼人）には観察不可能です。このとき，盗難事故が起きても保険で100％補償してもらえる（完全保険）とすれば，代理人にとって（コストのかかる）注意努力を払うことはあまり意味がありません。代理人も故意に油断や慢心をするのではなく，行動情報の偏りのもとで私的利得の最適化を行っているだけなのです。

モラルハザードとは

保険業界における モラルハザード

本来は，保険に入ったことによって事故が反対に起きやすくなる問題現象を表す

㊎ 旅行者が保険加入により安心して気が緩み，盗難や怪我の事故率が上昇，結果として保険料の設定が上がる

ゲーム理論における モラルハザード

代理人の**行動情報**を**依頼人**が把握できないことから，**代理人**の行動に歪みが生じ，効率的な経済活動が妨げられている現象

㊎ 公的資金投入を当てにしたずさんな特殊法人経営

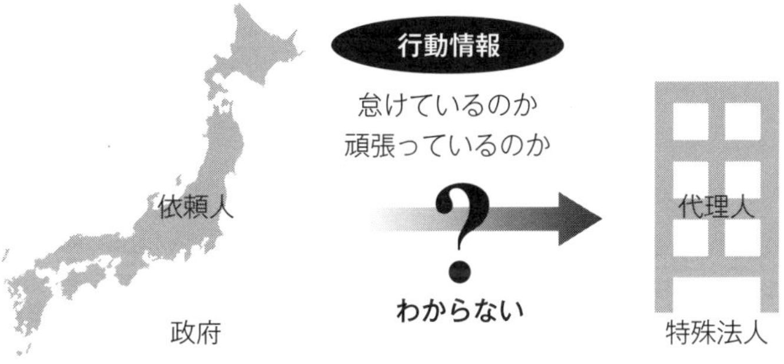

インセンティブ契約①
成果報酬で代理人の努力を促す

モラルハザードを防ぎ，代理人の成果を引き出すための仕組みを**インセンティブ契約**といいます。**インセンティブ**は，動機や理由という意味です。転じて，日本では成果報酬と同義に使われています。

〈GAME 9-1〉委託販売契約を例にとって考えます。航空会社A（依頼人）が旅行代理店J（代理人）に1枚10万円の航空券の委託販売を依頼します。その報酬を固定で支払うか，航空券の売上成果に応じて支払うかを検討しています。代理店Jへの報酬は，固定報酬なら1000万円，成果報酬なら全体の売上の10％です。チケットの売れ行きは不調なら500枚，好調なら1500枚は売れます。代理店Jは広告などの営業活動を行うと8割の確率で高い売れ行きに結びつきますが，営業活動の費用が100万円かかります。一方，営業活動を行わなければ，売れ行きは100％不調となります。また，航空会社Aの利得は航空券全体の売上の40％からJへの報酬を差し引いたものになります。具体的には，売れ行き1500枚で好調のときは，1億5000万円の売上の40％で6000万円。不調で500枚なら，5000万円の売上の40％で2000万円。ここから代理店Jへの報酬を引きます。Jの利得は，固定報酬なら1000万円。成果報酬なら，売れ行き好調のときは売上の10％で1500万円，不調のときは500万円です。さらに営業活動の有無で経費100万円を引きます。Jの営業活動は運により8割の確率でしかチケットの売れ行きにつながりません。このとき，利得に確率を掛けた期待利得を計算できます。

インセンティブ契約とは

インセンティブとは

インセンティブ　人の行動の動機や理由づけのこと

インセンティブ契約の典型

契約者のモチベーションを上げるため，成果が高いときにより多くの報酬を払う。

インセンティブ契約の事例

〈GAME 9-1〉委託販売契約

航空会社Ａが旅行代理店Ｊと航空券の委託販売契約を締結する

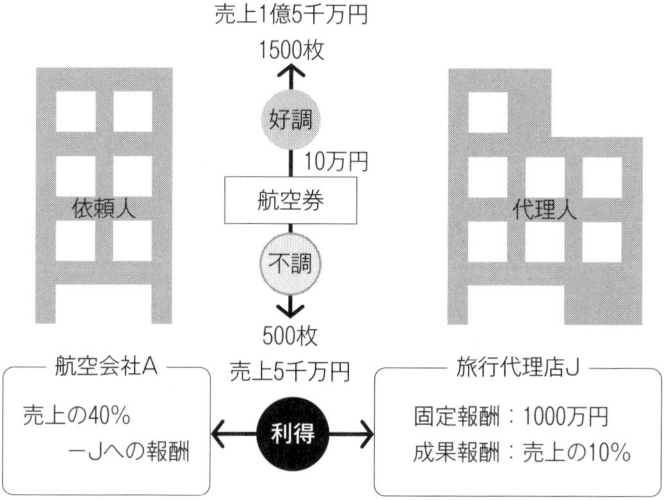

成果報酬によるインセンティブ

インセンティブ契約②
展開形ゲームをバックワードに解く

〈GAME 9-2〉 以上を**ゲームの木**で表したのが右頁の図です。最初に，航空会社Ａは売上にかかわらず一定の報酬を与える固定報酬か，売上の10％の報酬を支払う成果報酬かを選びます。それを所与として，代理店Ｊは営業活動を行うか否かを選びます。まずＡが固定報酬を提示しＪが営業ありを選ぶ場合，確率0.8で高売上，確率0.2で低売上ですが，Ｊの利得は固定報酬1000から営業費用100を引いた900で一定です。一方，Ａの利得は，高売上のときは15000の40％の6000から固定報酬1000を引いた5000，低売上のときは5000の40％の2000から固定報酬1000を引いた1000ですので，期待利得は0.8×5000＋0.2×1000＝4200です。Ｊが営業なしを選ぶときは費用ゼロですので，Ｊの利得は固定報酬の1000となり，Ａの利得は100％低売上ですので1000です。次に，Ａが成果報酬を提示しＪが営業ありを選ぶ場合，Ｊの利得は，高売上のときは15000の売上の10％から営業費用100を引いた1400，低売上のときは5000の売上の10％から営業費用100を引いた400ですので，期待利得は0.8×1400＋0.2×400＝1200です。一方，Ａの利得は，高売上のときは15000の40％の6000から10％の成果報酬1500を引いた4500，低売上のときは5000の40％の2000から10％の成果報酬500を引いた1500ですので，期待利得は0.8×4500＋ 0.2×1500＝3900です。Ｊが営業なしを選ぶと100％低売上となり，Ｊの利得はその10％の500です。

以上を**バックワードインダクションで解く**と，まずＪは，**固定報酬なら営業なし**，**成果報酬なら営業あり**を選びます。それを見通して，Ａは，Ｊが営業ありを選ぶ成果報酬を提示するのが最適となります（3900＞1000より）。

成果報酬の効果（部分ゲーム完全均衡）

〈GAME 9-2〉委託販売契約のゲームの木（展開形ゲーム）

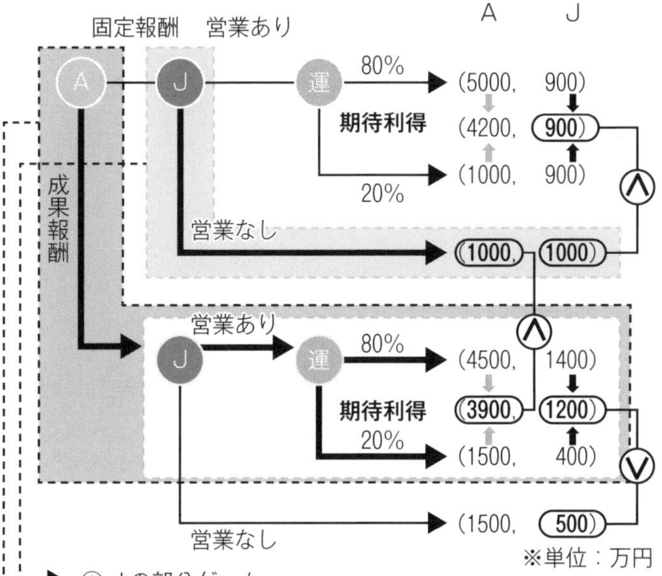

① J の部分ゲーム

固定報酬なら 900＜1000 で**営業活動なし**

成果報酬なら 1200＞500 で**営業活動あり**

② A の全体ゲーム

1000＜3900 で J の営業活動を引き出す

成果報酬契約を選ぶ

⇒バックワードインダクションの解＝部分ゲーム完全均衡

代理人の行動情報（努力水準）の非対称性の下で，依頼人は，**インセンティブ契約（成果報酬）**を通じて，代理人の努力インセンティブを引き出すのが，部分ゲーム完全均衡となる。

「インセンティブ契約」のモデル：基本的枠組み（モラルハザード）

経営者を依頼人（プリンシパル），事業部長を代理人（エージェント）とします。事業部長がそれぞれの行動（努力水準）e を選択するときに，企業の収入 R が右頁の表のように確率的に生じるとします。つまり，努力水準が $e_1=1$ のときには，収入は確率 2/3 で 10，確率 1/3 で 30 になり，表が示すとおり，高努力 $e_2=2$ は高収入 30 が生じる確率を 1/3 から 2/3 へと高めます。収入 R はまず経営者に帰属し，事業部長にはその結果（収入）に応じて報酬 W が払われます。経営者はリスク中立的で，残余利益から効用 $R-W$ を得るとし，事業部長の効用関数は $U(W,e)=\sqrt{W}-(e-1)$ であるとします。ここで $(e-1)$ は努力の不効用を表し，高努力ほど不効用が増すことを意味します。$\sqrt{W}$ は報酬 W から得られる効用で，p. 191 の効用関数と同様に，グラフが上に膨らんだ形（凹関数）であり，事業部長はリスクを嫌うことがわかります。よって事業部長の効用関数はリスク回避型の効用関数に対応します。彼は他の場所で働くと 1 の効用を得るとします。

経営者が事業部長の努力水準を観察できれば，高努力 $e_2=2$ を強制できますが，努力水準を観察できないという「情報の非対称性」の下では，事業部長が達成した実績（収入 R）に基づいて報酬を支払うという形のインセンティブ契約 $\{W(10),W(30)\}$ を利用することになります。経営者は，事業部長のインセンティブ（高努力 $e_2=2$）を引き出すように工夫しながら（右頁の「インセンティブ制約」），**最適な契約を設計**します。具体的に問題を定式化して，最適契約を実際に解いてみましょう。

最適契約の設計：制約条件付き最適化問題

収入 R ＼ 行動（努力）e	10	30
$e_1=1$	$1-p_1=2/3$	$p_1=1/3$
$e_2=2$	$1-p_2=1/3$	$p_2=2/3$

努力水準に対応した結果（収入）の確率

事業部長が$e_2=2$を選ぶときの期待効用 $\frac{1}{3}\sqrt{W(10)}+\frac{2}{3}\sqrt{W(30)}-(2-1)$,

$e_1=1$ を選ぶときの期待効用 $\frac{2}{3}\sqrt{W(10)}+\frac{1}{3}\sqrt{W(30)}-(1-1)$であるので,

前者が後者より大きい $\frac{1}{3}\left(\sqrt{W(30)}-\sqrt{W(10)}\right)\geq 1$ のとき，事業部長は自発的に $e_2=2$ を選ぶ。これを「**インセンティブ制約**」という。そのときに期待効用が外部で得られる効用 1 より大きいという「**参加条件**」

$\frac{1}{3}\sqrt{W(10)}+\frac{2}{3}\sqrt{W(30)}-(2-1)\geq 1$ も満たされなくてはならない。

$\sqrt{W(30)}=Y$, $\sqrt{W(10)}=X$ として,

「**インセンティブ制約**」と「**参加条件**」を同時に満たす契約の集合を図示すると，図の斜線部となる。経営者の期待利潤を最大化するのは，図の $X^*=0$,　$Y^*=3$ つまり $W(10)=0$,　$W(30)=9$ が解となる。

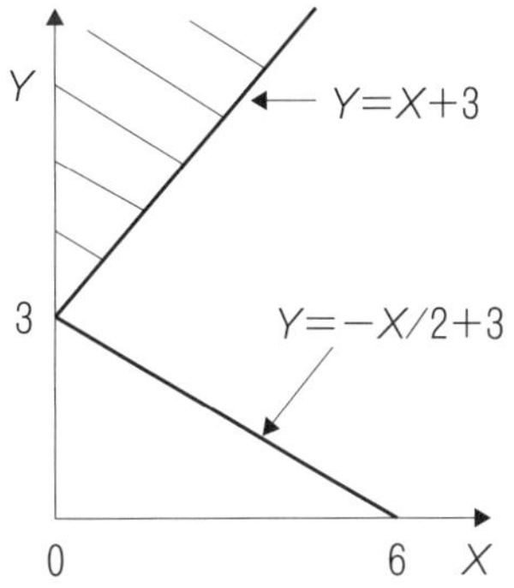

ストックオプション

インセンティブ契約をストックオプションの話に応用する

株主を依頼人（プリンシパル），経営者を代理人（エージェント）とします。経営者がそれぞれの行動（努力水準）e を選択するときに，企業の株価 P が右頁の表のように確率的に生じるとします。つまり，努力水準が $e_L=1$ のときには，株価は確率 2/3 で 100，確率 1/3 で 300 になり，また，高努力 $e_H=3$ は，株価 300 が生じる確率を確率 1/3 から確率 2/3 に高めます。経営者には株価 P に応じて報酬 W が払われます。株主はリスク中立的である一方，経営者の効用関数は $U(W,\ e)=\sqrt{W}-10(e-1)$ であるとします。これはリスク回避者の効用関数の例です。さて，経営者の努力水準を観察できないために，株主は，経営者が達成した実績（株価水準 P）に基づいて報酬を支払う契約を設計します。その一例として，「ストックオプション契約」を考えましょう。「ストックオプション」とは，ある特定数 X の自社株を，一定の行使価格 K で購入する権利を経営者に事前に与えておくスキームで，経営者は，企業の株価を高めた場合，ストックオプションを価格 K で行使し，1 株当たり $P-K$ の差益（キャピタルゲイン）を X 個分得ることができます。この時のストックオプション行使によるボーナスは $(P-K)X$ です。インセンティブ契約を分析してみましょう。（詳細な分析に興味のある方は，鈴木豊（2010）「株主・経営者間の「ストックオプション契約」の理論分析」『ガバナンスの比較セクター分析：ゲーム理論・契約理論を用いた学際的アプローチ』（鈴木豊編）pp. 138-146 を参照ください。本章のコラムも参照のこと。）

経営努力に対応した株価の生起確率

株価 P ／ 行動（努力）e	100	300
$e_L=1$	2/3	1/3
$e_H=3$	1/3	2/3

現在の株価は 100 であり，行使価格 K を $100<K<300$ の範囲に設定する場合，経営者に高努力 $e_H=3$ を自発的に選ばせるために，契約 $\{X,K\}$ が満たすべき条件式を考えてみる。

高努力 $e_H=3$ を選ぶときの経営者の期待効用は，

$$\frac{2}{3}\sqrt{(300-K)X}-10(3-1)$$

$e_L=1$ を選ぶときの経営者の期待効用は，$\frac{1}{3}\sqrt{(300-K)X}$ であるので，

経営者が高努力 $e_H=3$ を選ぶためには，

$$\frac{2}{3}\sqrt{(300-K)X}-10(3-1)\geq\frac{1}{3}\sqrt{(300-K)X}$$

が成立する必要がある。これが「**インセンティブ制約**」であり，変形すると，$(300-K)X\geq 3600$ となり，**行使価格 K が高いほど，株式の付与数 X を多くすべき**ことがわかる（下図）。要するに「**てこ**」の原理をとりいれた強力なインセンティブ装置なのである。

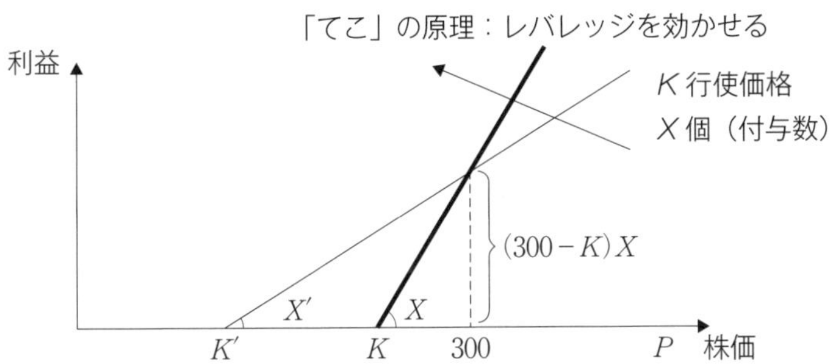

努力をせずにただ乗りをする

他人の努力に依存し，コストを負担しない「フリーライダー」現象

〈GAME 9-3〉 カレンさんとモニカさんは，2人のチームで仕事をしています。2人はそれぞれ働く（$e=1$）か，働かない（$e=0$）を選択でき，チームの成果は$4(e_1+e_2)$，報酬は成果を半分に折半します。ただし成果を出すには努力コストが必要で，働くときには3，働かないときには0のコストが自らにかかります。このときの**チーム生産**の状況を表したのが右頁の表です。2人とも働いたときには利得1，1人が働き1人が働かないときの利得は前者が−1，後者が2となり，2人とも働かないときには両者の利得はともに0となります。右頁の利得行列から読み取れるとおり，相手が「働く」を選択しようと「働かない」を選択しようと，「働かない」という戦略が自分にとって最適戦略となり，したがって，自分は働かないことが**支配戦略**ですが，両者とも働かないと利得は0となり，パレート非効率な「**囚人のジレンマ**」状態におちいります。言い換えれば，相手の努力（労働）に依存して自分は努力コスト負担をせずに利得を増やそうという**フリーライダー**問題が，囚人のジレンマ・ゲームの支配戦略均衡として発生してしまうのです。

自分は楽をするフリーライダー

チームによる労働で発生する問題

フリーライダー（ただ乗り）　自分はコストを負担せずに，他人に依存して利得を増やそうとする人

〈GAME 9-3〉フリーライダーを生むチーム労働

●働く（$e=1$），働かない（$e=0$）から選択

●報酬$=\frac{1}{2}\times 4(e_1+e_2)=2(e_1+e_2)$

●努力コスト＝$3e$（働く＝3，働かない＝0）

２人が働く	➡	$2(1+1)-3=\ \ 1$
１人が働く	➡	$2(1+0)-3=-1$
１人が働かない	➡	$2(0+1)-0=\ \ 2$
２人が働かない	➡	$2(0+0)-0=\ \ 0$

カレン（e_1）＼モニカ（e_2）	働く（$e=1$）	働かない（$e=0$）
働く（$e=1$）	（**1**，1）	（**−1**，2）
働かない（$e=0$）	（**2**，−1）	（**0**，0）

カレン，モニカともに「働かない」が**支配戦略**

ゲームの解　ともに「働かない（$e=0$）」で利得０

ペナルティースキームによるフリーライダー問題の解決

このチーム生産におけるフリーライダー問題に対し，契約理論の碩学であるホルムストロムは，**ペナルティースキーム**による解決策を示しました。いま，チームの成果 $R=4(e_1+e_2)$ は，**立証可能**であるとします。R は努力水準 e_1，e_2（0または1）の値に応じて，0，4，8のいずれかの値をとります。ともに働く（$e_1=e_2=1$）ときの $R=4(1+1)=8$ が，総余剰の最大化を達成するファーストベストのチーム成果となります。この下で，チームに対するペナルティースキームを，

$$W_i(R)=\begin{cases}\dfrac{1}{2}R & \text{if } R=8\\[2ex] 0 & \text{otherwise}\end{cases}$$

のように構成します。i はチームメンバーであるカレン，モニカを意味し，$R=8$ というチームのファーストベスト水準を達成すれば，R の半分（8の半分で4）を報酬として得ますが，少なくとも一方が働かなかったときに生じる $R=0$，4のときには，チーム全員に成果を配分しない，すなわち全員を処罰すること（報酬0）を意味します。言い換えれば，このスキームに**コミットして強制する第三者**（プリンシパル）の存在を仮定するのです。このスキームの下では，右頁のとおり，2人の労働者は，「働く（$e=1$）」をナッシュ均衡戦略としてプレイするインセンティブが出てきます。すなわち，フリーライダー問題は解決されるのですが，右頁下の問題点も残ります。

ホルムストロムの「ペナルティースキーム」による解決策

チームの成果 $R=4(e_1+e_2)$ は**立証可能**とする。$R=4(e_1+e_2)$ は e_1，e_2 の値（0 または 1）に応じて，0，4，8 の 3 通りの値をとりうる。

$$\text{チームへのペナルティースキーム}：W_i(R)=\begin{cases} R/2 & \text{if } R=8 \\ 0 & \text{otherwise} \end{cases}$$

〈GAME 9-4〉ペナルティースキームの下での労働者間のゲーム

- 報酬＝上記ペナルティースキームに基づいて支払われる
- 努力コスト（働く＝3，働かない＝0）

2 人とも働くときの利得	➡	$2(1+1)-3=1$
1 人だけ働くときの，働く方の利得	➡	$0-3=-3$
1 人だけ働くときの，働かない方の利得	➡	$0-0=0$
2 人とも働かないときの利得	➡	$0-0=0$

カレン（e_1）＼モニカ（e_2）	働く（$e=1$）	働かない（$e=0$）
働く（$e=1$）	（1，1）	（−3，0）
働かない（$e=0$）	（0，−3）	（0，0）

カレン，モニカともに「働く（$e=1$）」を**ナッシュ均衡**としてプレイするインセンティブが生じる。**フリーライダー問題の解決**。

評価と問題点

成果 R（配分予算）を収支バランスさせる「**予算バランス条件**」**を壊す**（ここでは，$R=4$ のときに配分しない）ことにコミットする存在としての第 3 者（プリンシパル）を必要とする。事後的に，$R=4$ をメンバーに配分する**再交渉の可能性**を考えると，ペナルティースキームのインセンティブ効果は阻害されてしまう。

トーナメントの理論

トーナメントの基本モデルとそのインプリケーション

「トーナメント理論」は，「チーム生産の理論」と並んで，複数エージェント理論の代表的なものです。企業において，経営者と２人の労働者ＡとＢを考え，労働者２人が「昇進（より高い地位）」をめぐって競争している状況を考えます。いま，２人の努力水準を，e_A, e_B，努力とは独立に生じる運（計測誤差や生産の不確実性）を ε_A，ε_B とすると，２人の成果は，$y_A = e_A + \varepsilon_A$ および $y_B = e_B + \varepsilon_B$ となります。ε_A，ε_B は同一で独立の分布に従う確率変数です。

「トーナメント契約」は，テニスのトーナメントなどと同じく，勝者に，つまり，成果 y_A，y_B の大きい方に**スプレッド**（**報酬の差，賞金**）を与えるスキームであり，それが相手に勝とうと努力する強力なインセンティブを労働者に与えることになります。右頁のトーナメントの「**基本方程式**」より，均衡での確率密度 $f(0)$ が大きいほど（不確実性 $\varepsilon_B - \varepsilon_A$ が小さいほど），また $W_H - W_L$（スプレッド）が大きいほど，より大きな努力水準が引き出されることがわかります。

この基本方程式を使って，ある望ましい努力水準を引き出す上で，不確実性の大きな米国では，均衡の確率密度が小さくなるため，より大きなスプレッドが必要になり，格差の大きい報酬体系が一般的となること，他方，不確実性の小さい日本では，均衡の確率密度が大きくなるため，スプレッドは小さくてすみ，格差の小さい，よりフラットな報酬体系が一般的となるという**日米の給与昇進体系**の差に関する含意が得られます。

トーナメント：昇進競争のモデル化

２人の労働者Ａ，Ｂの努力水準をe_A，e_B，運（不確実性）をε_A，ε_Bとすると，２人の成果は$y_A = e_A + \varepsilon_A$および$y_B = e_B + \varepsilon_B$となる。ノイズの$\varepsilon_A$，$\varepsilon_B$は，同一で独立の分布に従う。「トーナメント契約」は，

$$W_A(y_A, y_B) = \begin{cases} W_H & \text{if } y_A > y_B \\ W_L & \text{if } y_A < y_B \end{cases}$$

のように，勝ち負けに応じて，報酬にスプレッド$W_H - W_L > 0$をつけるスキームで，下図のようになる。

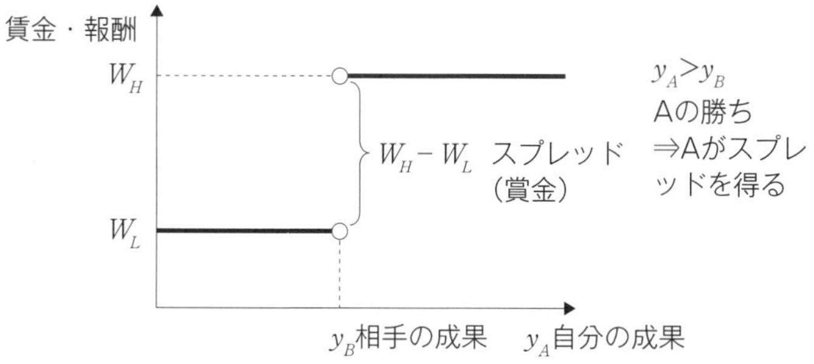

ここで$P = \mathrm{Prob}(y_A > y_B) = F(e_A - e_B)$とし，$F$をＡが勝つ確率を表す分布関数，$f$を密度関数，$C(e)$を努力費用とすると，Ａの期待利得関数は，$W_L + P \times (W_H - W_L) - C(e_A)$となる。Ａの最適化の１階条件は$f(e_A - e_B) \times (W_H - W_L) - C'(e_A) = 0$であり，Ｂについても同様に，最適化の１階条件は$f(e_A - e_B) \times (W_H - W_L) - C'(e_B) = 0$であるので，対称均衡$e_A^* = e_B^* = e^*$では，$f(0) \times (W_H - W_L) = C'(e^*)$の「**基本方程式**」が成立する。

トーナメント理論とその含意：数値モデルによる理解

前頁のトーナメントモデルの本質を，数値例を使って図解してみましょう。企業において，労働者ＡとＢが，スプレッド（勝ったときと負けたときの報酬の差）100をめぐって競争しているとします。各労働者の労働時間（努力の量）および勝つ確率とその増分を表す表は右上のとおりです。表は，労働者が努力の量を増やすにつれて，勝つ確率がどう変化するか（「確率の増分」）を表しています。たとえば，労働者Ｂが努力量を変えないまま，労働者Ａが努力量を１単位から２単位に増やすならば，勝つ確率は0.2から0.35まで0.15だけ増加します。このときの期待収益の増加は（0.35－0.2）×100＝15となります。追加１単位の努力コストが12の場合，期待限界便益15＞限界費用12より，２単位目の努力を行う方が良いことになります。この理屈は３単位目まで成立します。４単位目の努力については，期待限界収益0.1×100＝10に対して限界費用12ですので，行わない方が良いことがわかります。以上のプロセスは，労働者Ｂについても当てはまり，合計３単位の努力供給を行うのが最適となります。よって，お互いに努力水準３単位ずつを選ぶのが，労働者間のゲームのナッシュ均衡となるのです。

不確実性が大きい場合（米国社会，新興産業，中国の民営企業など）は，確率の増分が下がるので，その分，スプレッドを大きくすることで期待限界収益を維持し，適切なインセンティブを引き出すことができます。逆に，不確実性の小さい場合（日本社会，安定産業，中国の国有企業）には，確率の増分が大きいため，スプレッドは小さくても，適切なインセンティブを維持することができるのです。

トーナメントモデルの数値例

努力量と勝つ確率およびその増分

努力の量	確率	確率の増分
0	0	—
1	0.2	0.2
2	0.35	0.15
3	0.5	0.15
4	0.6	0.1
5	0.7	0.1

トーナメントの基本方程式の図解

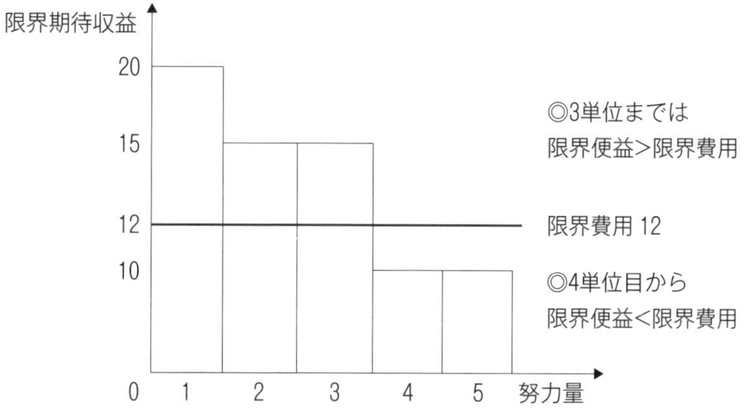

◎この場合，労働者は **3 単位**まで努力するのが最適となる。

◎ライバルの労働者も同じ状況に置かれているので，お互いに努力水準 **3 単位ずつ**を選ぶのが，ナッシュ均衡。

報酬体系の比較　日本と米国，伝統産業と新興産業，中国の国有企業と民営企業の比較などに応用

Column

ストックオプション，サブプライムローン，そして世界的金融危機

米国は「株主主権」の国であり，2000 年代前半から半ばにかけて，ソロモン，モルガンスタンレー，ゴールドマンサックス，メリルリンチなどの大手投資銀行では，経営者や若手社員に対する非常に**強力なインセンティブスキーム**（例えば，**ストックオプション**）が導入され，彼らの中に，何としても「革新的な新商品」を生み出して，大きな利益をあげようとする強力なインセンティブが生み出されました。

この過程で，**サブプライムローン**という非常にリスクの高い住宅ローンを組み込んだ証券が新商品として創り出され，国内外の多くの投資家に販売され，その爆発的ヒットで，彼らも高い業績をあげ，**ストックオプションを行使**して，大きな利益をあげました。

しかし，実は，この証券化商品の発行者（投資銀行）は，格付け機関と組んで，リスクの高い商品の格付けを，高格付けで安全だと偽り，国内外から多くの投資を呼び込んでいたのです。そして，とうとう 2008 年夏，サブプライムローンというリスクの高い住宅ローンを組み込んだ証券の価格が暴落し，リーマンショックおよび世界的金融危機へと陥って行ったのです。

第 10 章

契約理論：アドバースセレクション

特性情報の非対称性が原因

望ましくない特性ばかりが集まる逆選択

運転の注意力が散漫で，事故に遭いやすいような人ばかりが自動車保険に加入すると，一般よりも事故率が上昇します。その結果，保険金を多く払う可能性が増し，保険料が高くなり，ますます事故を起こしにくい（良質な）人は加入しなくなります。このように万が一の備えであるはずの保険に対して，逆にリスクの高い特性の人ばかりが集まってしまう現象を**アドバースセレクション**（**逆選択**《ぎゃくせんたく》）と呼びます。（逆選抜《ぎゃくせんばつ》という用語もありますが，意味は同じです。）

中古車市場では，車の性能が実際には悪くても，見た目で判断するのは難しく，業者は**一律に平均価格**で買い取ります。その結果，良質な中古車は市場から退出し，悪い中古車ばかりが売りに出され，市場に集まってしまうという**アカロフ**（p. 7 参照）の「**レモン市場**」の論文（1970 年）から，「アドバースセレクション（逆選択）」の研究は始まっています。

良質な中古車であるという情報が完全に伝われば（完全情報のケース），買い手も売り手もともに満足して取引が成立し，正の余剰が実現しえたのに，情報の非対称性の結果，それが実現しなくなるという意味で，非効率性が発生するのです。

モラルハザードは，依頼人が代理人の**行動情報**を把握できないという，情報の非対称性が原因となっていました。一方，この逆選択は，依頼人が代理人の**特性情報**（良質なタイプか劣悪なタイプか）を把握できないという，特性情報に関する情報の非対称性によって非効率な経済現象が発生するのです。

悪い特性を引きよせる逆選択

逆選択

保険や中古車市場などで，望ましくないリスクの高い特性のものばかりが集まってしまう現象

逆選択の例

事故に遭いやすい人ばかりが自動車保険に加入し，事故率が上昇して，保険料が高くなる。上がった保険料により，事故を起こしにくい良質な人がますます加入しなくなる。

中古マンションの市場において，売り手と買い手の間に，マンションの品質に関する情報の非対称性がある場合，高品質と低品質の間の「平均的な価格」しかつかず，その平均的評価を割に合わないと思う「高品質のマンション」の売り手が，マンションを売ろうとしない。

アドバースセレクション（逆選択）の原因

依頼人が代理人の**特性情報**（健全なタイプか悪質なタイプか）を把握できないという，情報の非対称性により効率的な資源配分が妨げられる。

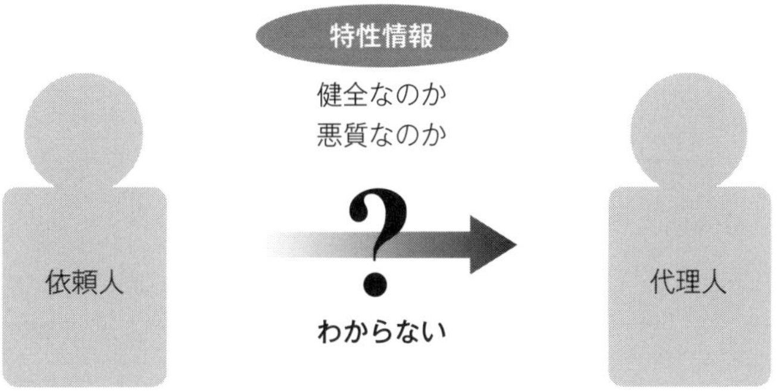

相手の特性情報を探る スクリーニング（選別）

シグナリング（pp. 126-133 参照）は，資格を取得したり，高級なファッションで身を固めたりすることで，自分の**特性情報**を相手に知らせる方法でした。反対に，相手の特性情報を探る（引き出す）ための行動が**スクリーニング**（選別）です。

たとえば，飲食店なら地域にクーポン券を配布します。高所得者やお金に余裕がある人はクーポン券を使用しないと想定します。クーポン利用者の割合を調べれば，客層のうちどの程度が余裕のある購買活動を行っているか（高所得タイプであるか）が想定できます。

また，経営者が働き手の生産性を知るために，証拠として示した成果に基づいて報酬を支払う仕組み（出来高給など）を利用すれば，働き手の生産性をスクリーニングして把握することができます。

他にも購入数量や納入期間に応じた割引，交渉手順のタイミングを遅らせるなど，さまざまな選択肢を使い分けることで，相手の特性情報を引き出すこと（スクリーニング）が可能なのです。

スクリーニングで相手を知る

スクリーニング　数量や納入期間に応じた割引などさまざまな選択肢を提示して，自己選択をさせることを通じて，相手の特性情報を引き出すこと

自分から特性情報を伝える

相手の特性情報を引き出す

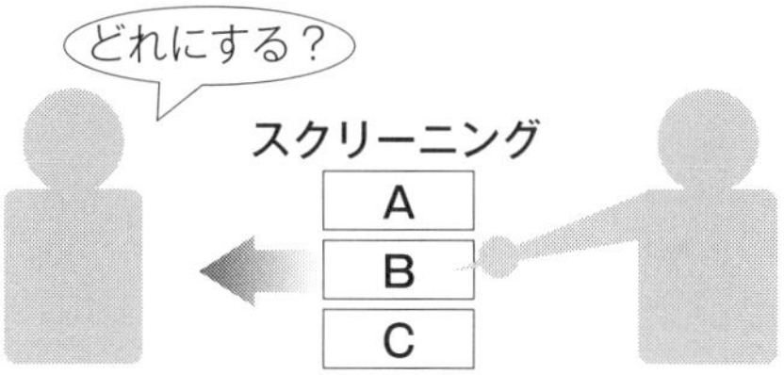

スクリーニングの例

●飲食店のさまざまな割引		**特性情報**
クーポン券	➡	購買層の所得
時間帯割引券	➡	購買層の生活時間帯
4 人分限定割引券	➡	購買層の家族構成

逆選択問題を解決する仕組み

自己選択メカニズム（スクリーニング）①
モデルの設定

自動車，パソコン，コピー機のメーカーのように，1社が複数の製品リストを提示する場合の価格設定を考えます。この場合，顧客（消費者）は，メーカーの製品リストを見て，その価格と品質を考えながら，複数の候補の中から1つを選択し購入します。メーカーからすると，各製品の価格と品質は，自社の他の製品に対する需要への影響も考えて決めなくてはならないでしょう。たとえば，パソコンの例でいえば，高品質で高価な機種を買うはずだった顧客が，ベーシックで低価格の機種に乗り換えてしまい，利潤機会を失う可能性があるからです。よって，メーカーは，それぞれの購買層（顧客）が，その層をターゲットにした製品を買うように，価格と品質を設定しなくてはならないことになります。このとき，メーカーの最適戦略（価格と品質の組）は，どうなるでしょうか。いま，製品の品質を q，価格を p，消費者の特性“タイプ” θ は2タイプで，θ_H, θ_L（$\theta_H > \theta_L$）であり，これは製品への評価（効用関数の形状）が2タイプあることを表していて（右頁），消費者本人は知っていても，メーカー側は知らない**非対称情報**だとします。そして，消費者 θ の利得関数を $\theta V(q) - p$（$V' > 0, V'' < 0$），メーカーが品質 q の製品を製造するときの費用を $c(q) = cq$ だとします。まず，ベンチマークとして，メーカーが消費者のタイプ情報を知っているときは，右頁のように，各タイプに**完全情報解**を課すことができます。

自己選択モデルの設定

2 タイプの消費者 θ_H, θ_L（$\theta_H > \theta_L$）の効用関数

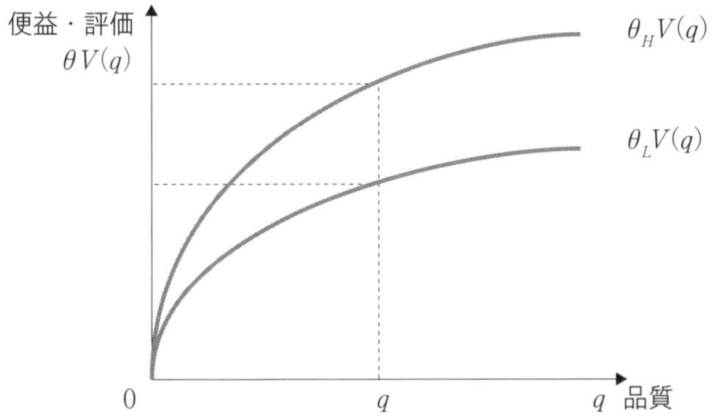

完全情報解（ファーストベスト解）：下図

メーカーが消費者のタイプ θ_H, θ_L を知っているときは，各タイプに完全情報解を課す。各タイプの総余剰 $\theta V(q)-cq$ を最大化し（1 階条件 $\theta V'(q)=c$）各品質 q_L^{FB}，q_H^{FB} の下で生まれる余剰を，価格 p_L^{FB}，p_H^{FB} を通じて吸収する。

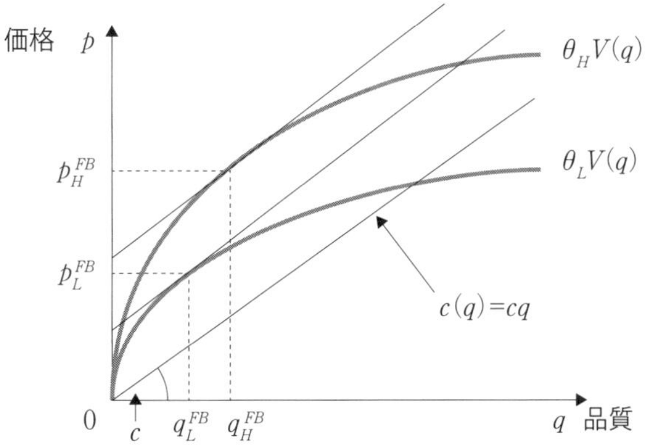

逆選択問題を解決する仕組み

自己選択メカニズム（スクリーニング）②
モデルの解とその特徴

ベンチマークとして，メーカーが消費者のタイプ情報を知っているときは，各タイプに完全情報解を課すことができます。そして，各タイプの総余剰 $\theta V(q)-cq$ を最大化し（1 階条件 $\theta V'(q)=c$）各品質の下で生まれる総余剰を，価格を通じて吸収すればよいわけです。しかし，タイプ情報が非対称の場合に完全情報解が提示されると，高評価タイプ θ_H は，低評価タイプ用のメニュー $\{q_L^{FB}, p_L^{FB}\}$ を選ぶ方が得になります（右頁の上図）。すなわち，高評価タイプ向けの高品質で高価な製品を購入するインセンティブは存在しないのです。この場合，メーカーとしては，高評価タイプ θ_H が，低評価タイプ向けのメニュー $\{q_L, p_L\}$ を選ぶよりも，彼向けのメニュー $\{q_H, p_H\}$ を選ぶ方が得になるようにメニューを設計する必要があります。つまり，高評価タイプ θ_H が自分向けのメニューを選ぶように仕組むということで，そのための制約が「**自己選択制約**」ないし「**インセンティブ制約**」で，数式では $\theta_H V(q_H)-p_H \geq \theta_H V(q_L)-p_L$ となります。高評価タイプ θ_H の「**自己選択制約**」と低評価タイプ θ_L の「**参加制約**」$\theta_L V(q_L)-p_L \geq 0$ を満たす次善（セカンドベスト）の最適解を求めると右頁の下図のようになります。まず，低評価タイプの品質 q_L^* はファーストベスト以下となり $q_L^*<q_L^{FB}$，**下方に歪み**（downward distortion）が発生します。そして，メーカーは高評価タイプから真実の情報 θ_H を引き出すために価格を p_H^{FB} から p_H^* に引き下げる形で，情報レント（$\theta_H-\theta_L$）$V(q_L^*)$ を高評価タイプに与える必要があるのです。

完全情報解（ファーストベスト解）の達成不可能性

タイプ情報 θ_H，θ_L が非対称の場合，完全情報解が提示されると，高評価タイプ θ_H は，低評価タイプ用のメニュー $\{q_L^{FB}, p_L^{FB}\}$ を選ぶ方が得になる。

$$\theta_H V(q_L^{FB}) - p_L^{FB} = \theta_H V(q_L^{FB}) - \theta_L V(q_L^{FB}) = (\theta_H - \theta_L)\, V(q_L^{FB}) > 0$$

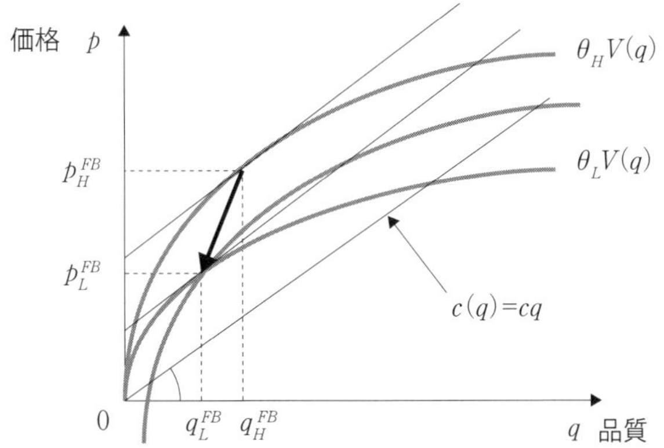

次善の解（セカンドベスト解）：① $q_H^*=q_H^{FB}$，② $q_L^*<q_L^{FB}$

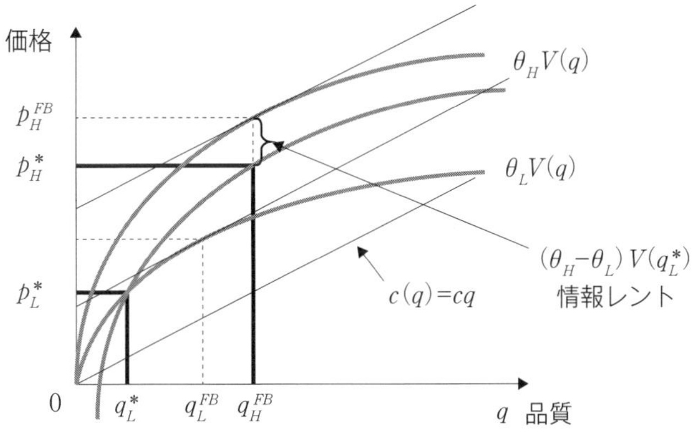

特徴：低評価タイプの品質はファーストベスト以下となり，**歪み**が発生。
　　高評価タイプが自分用のメニューを選ぶように「**情報レント**」を付与。

非対称情報下の規制と自己選択メカニズム①モデルの設定

政府の環境規制の話を考えます。ある国で，財の生産に際して公害を発生させる企業が，きれいな空気（clean air）を産出しています。達成されるきれいな空気の水準は，企業固有の公害抑止技術（能力，タイプ）および企業の公害抑止努力の合計によって決まるとします。特定化して，企業の努力が e のときに生み出されるきれいな空気の水準 y は，もし企業の公害抑止技術が高ければ $1+e$，低ければ e であるとしましょう。つまり，企業の公害抑止技術（能力，タイプ）θ は，高い（$\theta=1$）または低い（$\theta=0$）のいずれかです。企業は e の努力によって，抑止能力の水準にかかわらず，$e^2/4$ の費用をこうむるとします。W をきれいな空気の水準 y に依存して政府から受け取る補助金（金銭的報酬）であるとすれば，企業の利得は $\Pi=W-e^2/4$ と書けます。企業の留保利潤はゼロであるとします。さらに，企業は自分の抑止技術（能力）水準 θ を知っていますが，政府は，半々の確率で高いか低いかであるという情報しか知らないとします。

まず，ベンチマークとして，完全情報下でのファーストベストのきれいな空気と報酬の水準を求めましょう。抑止技術の高い（高能力）企業が達成すべききれいな空気の水準を y_H，報酬を W_H とすると，高能力企業 $\theta=1$ は，努力水準 $e_H=y_H-1$ で y_H を達成できるので，費用は $(y_H-1)^2/4$ となります。完全情報下では，参加条件を満たしつつ，政府の利得 y_H-W_H を最大化する問題を解けばよく，右頁より，$y_H^{FB}=3$，$W_H^{FB}=1$ が解です。同様に，$y_L^{FB}=2$，$W_L^{FB}=1$ となります。

非対称情報下の規制

2 タイプ $\theta \in \{0, 1\}$ の公害企業の利得関数

$$W - \frac{1}{4}(y - \theta)^2,\ \theta \in \{0, 1\}$$

W：補助金（金銭的報酬）　y：きれいな空気の水準

完全情報解（ファーストベスト解）

$$\max_{\{y_H,\ W_H\}} y_H - W_H \quad \text{s.t.} W_H - \frac{1}{4}(y_H - 1)^2 \geq 0$$

$W_H = \frac{1}{4}(y_H - 1)^2$ を目的関数に代入して，総余剰最大化の 1 階条件 $1 - \frac{1}{2}(y_H - 1) = 0$ より $y_H^{FB} = 3$, $W_H^{FB} = 1$ が高技術企業 $\theta = 1$ に対する最適解。同様に，$\max_{\{y_L,\ W_L\}} y_L - W_L \quad \text{s.t.} W_L - \frac{1}{4} {y_L}^2 \geq 0$ を解いて，$y_L^{FB} = 2$, $W_L^{FB} = 1$ が低技術企業 $\theta = 0$ に対する最適解となる。

完全情報解の図示　B：$\theta = 0$ への最適解，G：$\theta = 1$ への最適解

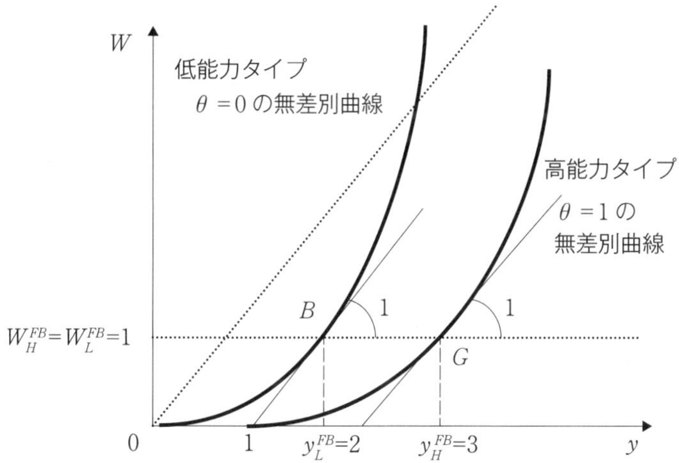

非対称情報下の規制と自己選択メカニズム②最適解とその特徴

前の自己選択モデルと同様，今回の規制の話でも，タイプ情報θの非対称性の下で完全情報解が提示されると，高能力タイプ$\theta=1$は，低能力タイプ$\theta=0$用のメニューB:{y_L^{FB}, W_L^{FB}}を選ぶ方が得になります。高能力タイプ$\theta=1$は情報を偽り，B点を選ぶことによって，$W_L^{FB}-(y_L^{FB}-1)^2/4=1-1/4=3/4$の情報レントを得ることができるからです（右頁の上図）。この場合，政府としては，高能力タイプ$\theta=1$が，低能力タイプ向けのメニュー{y_L, W_L}を選ぶよりも，彼向けのメニュー{y_H, W_H}を選ぶ方が得になるように規制政策を設計する必要があります。つまり，高能力タイプが正しく情報を開示するように誘因付けるわけで，そのための制約が「**自己選択制約**」で，数式では$W_H-(y_H-1)^2/4 \geq W_L-(y_L-1)^2/4$となります。**高能力タイプ**$\theta=1$の「**自己選択制約**」と，低能力タイプ$\theta=0$の「**参加制約**」$W_L-y_L{}^2/4 \geq 0$を満たすという条件下で，この自己選択メカニズムの最適解を求めると右頁の下図のようになります。つまり，非対称情報下の最適な規制策においては，低能力企業$\theta=0$が清浄な空気を生み出すインセンティブを**下方に歪め**（downward distortion），高能力企業$\theta=1$から真実の情報$\theta=1$を引き出すための「**情報レント**」を適切な大きさで与える必要があるのです。

完全情報解（ファーストベスト解）の達成不可能性

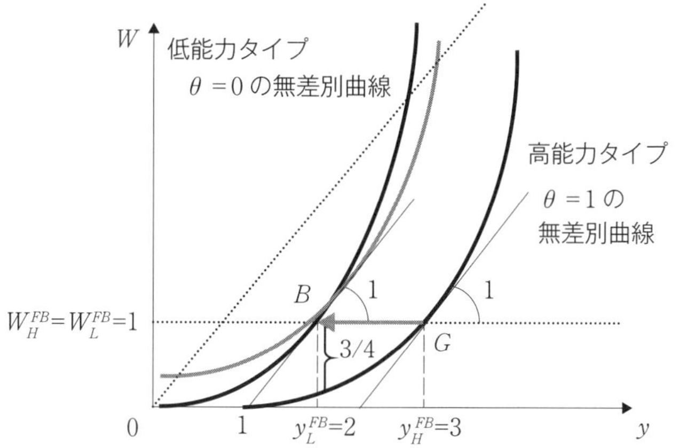

次善の解（セカンドベスト解）：① $y_H^*=y_H^{FB}$，② $y_L^*<y_L^{FB}$

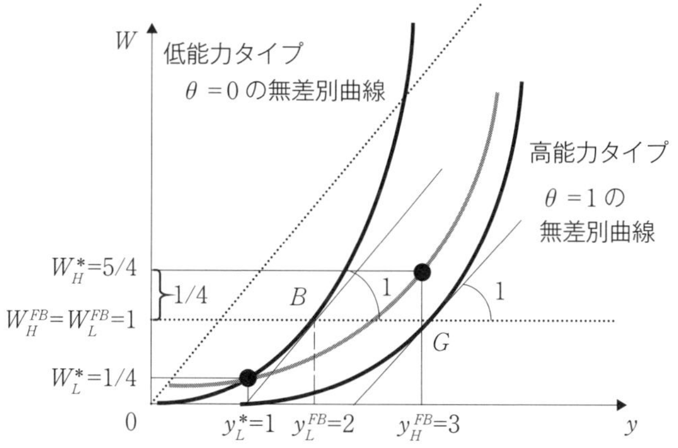

$W_L=y_L^2/4$ より，高能力タイプは $W_H-(y_H-1)^2/4=y_L^2/4-(y_L-1)^2/4$ の「情報レント」を均衡で得る。政府の期待利得にこれらを代入して最適化すると，① $y_H^*=3=y_H^{FB}$，② $y_L^*=1<y_L^{FB}$ が得られ，高能力タイプに与える「情報レント」の大きさは1/4となる。「**インセンティブと情報レントのトレードオフ**」が最適に解かれた。

非対称情報下の規制③
ヤードスティック競争による解決

非対称情報下の規制策においては，低技術企業が清浄な空気を生み出すインセンティブを下方に歪め，高能力企業に「情報レント」を与える必要がありました。政府とすれば，このセカンドベスト状態を克服し，ファーストベストの契約:B 点 $\{W_L^{FB}, y_L^{FB}\} = \{1,2\}$ と G 点 $\{W_H^{FB}, y_H^{FB}\} = \{1,3\}$ を，均衡として達成できないでしょうか？

いま，近隣地区の公害発生企業の公害抑止技術は高いか（$\theta = 1$），低いか（$\theta = 0$）のいずれかであり，両企業 i，j ともまったく同じ構造をしているとします（「**完全相関**」）。政府は両企業のきれいな空気の量を比較し，右頁のスキームを使って報酬（と処罰）を与えることにしました。各企業 i，j の各タイプ θ_i, θ_j の利得関数は $W_i(y_i, y_j) - (y_i - \theta_i)^2/4$ と表されます。このとき，政府は2企業同士をヤードスティック（比較基準）として使って競争を生じさせ，「真実の情報」を「情報レント」を与えることなしに引き出すことができるのです。特に，完全相関 $(\theta_i, \theta_j) = (1,1), (0,0)$ の環境下では，両企業を「**囚人のジレンマ**」状態に置き，**支配戦略均衡**において，「**情報レント**」**を与えることなしに**（＝均衡利得0），ファーストベストの清浄な空気量 $(y_H^{FB}, y_H^{FB}) = (3, 3)$，$(y_L^{FB}, y_L^{FB}) = (2, 2)$ を達成できるのです。

ヤードスティック・メカニズム

政府は次の契約（規制スキーム）$W_i(y_i, y_j)$ を提示する

$$W_i(y_i, y_j) = \begin{cases} 1 & \text{if}(y_i, y_j) = (y_H^{FB}, y_H^{FB}) \\ 1 & \text{if}(y_i, y_j) = (y_L^{FB}, y_L^{FB}) \\ 1 + \underbrace{[3/4 + \Delta]}_{\text{情報レント}+\Delta} & \text{if}(y_i, y_j) = (y_H^{FB}, y_L^{FB}) \\ 1 - \underbrace{[3/4 + \Delta]}_{\text{情報レント}+\Delta} & \text{if}(y_i, y_j) = (y_L^{FB}, y_H^{FB}) \end{cases}$$

利得移転の仕組み

ただしΔは十分小さい正の数

上記スキームの下での高能力タイプ（1, 1）同士のゲーム Δ>0

$\theta_i=1$ ＼ $\theta_j=1$	$y_L^{FB}=2$	$y_H^{FB}=3$
$y_L^{FB}=2$	(3/4, 3/4)	(−Δ, 3/4+Δ)
$y_H^{FB}=3$	(3/4+Δ, −Δ)	**(0, 0)**

上記スキームの下での低能力タイプ（0, 0）同士のゲーム Δ>0

$\theta_i=0$ ＼ $\theta_j=0$	$y_L^{FB}=2$	$y_H^{FB}=3$
$y_L^{FB}=2$	**(0, 0)**	$-\frac{3}{4}-\Delta,\ -\frac{1}{2}+\Delta$
$y_H^{FB}=3$	$-\frac{1}{2}+\Delta,\ -\frac{3}{4}-\Delta$	$\left(-\frac{5}{4},\ -\frac{5}{4}\right)$

Column

コーポレートガバナンスとは

コーポレートガバナンス（企業統治）は，コンプライアンス（法令遵守《じゅんしゅ》）と並んで，現在，日本で盛んに取り組まれています。

企業活動にはさまざまなレベルで依頼人と代理人の問題（p. 199 参照）が潜んでいます。株主と経営者，上司と部下，発注会社と受注会社など，対内的にも対外的にも「頼む・頼まれる」の関係で企業は成立しています。その情報の非対称性（p. 201 参照）による複雑な利害関係を，円滑に調整するような仕組みの総称がコーポレートガバナンスなのです。

その具体的な内容には，財務報告における不正・誤りを防止するためのルール作りや，積極的な財務情報開示によるシグナリング，ストックオプションによる業績報酬，外部発注する際のさまざまなスクリーニング基準（チェック項目）といった具合に，ゲーム理論の考え方が至る所で実践されているのです。

第 11 章

契約理論：不完備契約

ホールドアップ問題

関係特殊的投資とホールドアップ問題

部品メーカーと組立メーカーの間の部品取引においては，しばしば**関係特殊的投資**（relation-specific investment）が行われます。たとえば，部品メーカーが，部品の買手である組立メーカーの注文に合わせて部品製造の機械設備を改良することなどで，いったんこれに投資すると，それは「関係特殊的」であるがゆえに，外部のマーケットに売って投資資金を回収することは不可能となり，投資費用はサンクコスト（埋没費用 sunk cost）となります。このとき，買手（組立メーカー）側は，事後的に「**機会主義的**（opportunistic）」に振る舞い，部品取引から生じる利益（Gain from trade）を占有しようとするかもしれません。これを予想すると，（相手に搾取されることを恐れて）事前の関係特殊的投資の水準が過少になり，大きな非効率性（効率性の損失）が発生してしまいます。これは「**ホールドアップ問題**」と呼ばれ，特殊的投資やその成果が当事者同士では観察可能でも，第３者（特に法廷）に対しては**立証不可能**であるため，事前に完備契約を書いてコミットすることができないこと（「**契約の不完備性**」）から生じる現象で，2009年度ノーベル経済学賞受賞経済学者のウィリアムソンが指摘した「**取引費用**」の１つです。

ホールドアップ問題の簡単なモデル

モデル　部品メーカー（売手）のみが関係特殊的投資を行うモデル

$t=1, 2$　1 期と 2 期が存在。

$t=1$ で，部品メーカーは，部品のコストを引き下げるようなコスト削減投資 $I \in \{0, 2\}$ を選ぶ。$t=2$ で，部品取引が行われ，取引余剰（取引利益）の分配は「**ナッシュ交渉解**」に従う。部品のコストは

$$C=\begin{cases} 3 & \text{if } I=0 \\ 0 & \text{if } I=2 \end{cases}$$

組立メーカーの部品に対する評価（Valuation）は $V=3$ で一定とする。よって，取引利益は

$$V-C=\begin{cases} 3-3=0 & \text{if } I=0 \\ 3-0=3 & \text{if } I=2 \end{cases}$$

である。しかし，買手側の「機会主義」により，売手（部品メーカー）の取り分は，取引利益の半分 $(1/2)(V-C)$ となる。これは，買手と売手の間の「**ナッシュ交渉解**」と一致する。売手にとって，投資を行うときの利得は，

$$(1/2)(V-C)-I=(1/2)(3-0)-2=-0.5,$$

投資を行わないときの利得は

$$(1/2)(V-C)-I=(1/2)(3-3)-0=0$$

となり，投資を行わない $I^*=0$ が売手の最適な（私的利得最大化の）投資選択となる。

部品メーカーはまさに，自分の投資によって生み出した価値（取引利益）の半分 $(1/2)(V-C)$ を相手に搾取される（＝ホールドアップされる）ことを恐れて，関係特殊的投資を行わない $I^*=0$ という過少投資問題が発生したわけである。

ホールドアップ問題：応用例①

契約の不完備性と投資への影響：教育サービスの例

教育サービス供給者（学校）と利用者（生徒・親）の間での**教育サービス**の取引を考えます。ここで投資（investment）が行われる場合（ここでは，教員による生徒の能力向上のための教育および教育支援を考えます），投資および教育の成果は当事者同士では観察可能であっても，法廷に対しては立証不可能であり，したがって事前段階で「契約」の中に教育サービスの内容を詳細に盛り込んでコミットメントすることは不可能です。このとき，両者は比ゆ的には，事後的に「ナッシュ交渉解」に従って余剰を分け合うことになります。つまり，教育サービスから生まれる余剰を，供給者（学校）と利用者（生徒・親）が半々に分け合います。この結果を予想すると，事前の投資の水準が過少になり，非効率性（効率性のロス）が発生します。これは「ホールドアップ問題」の一例で，事前に完備契約を書いてコミットできないこと（「契約の不完備性」）から生じる非効率性＝「取引コスト」です。ウィリアムソンが指摘したように，このとき，取引費用（取引コスト）を削減するメカニズムとして，学校教育の「ガバナンス」が重要になります。

学校教育における不完備契約

モデル　教育サービス供給者が投資を行うモデル

$t=1$ で，教育サービス供給者は，教育サービスへの投資 $I\in\{0, 2\}$ を選ぶ。$t=2$ での供給者（学校）と利用者（生徒・親）の間での余剰（パイ）の分配は「**ナッシュ交渉解**」に従う。教育サービスの成果は投資 $I\in\{0, 2\}$ に応じて $\Pi=\begin{cases}0 & \text{if } I=0\\ 3 & \text{if } I=2\end{cases}$ であり，教育サービス供給者（学校）の余剰は，その半分の $(1/2)\,\Pi$ となる。教育サービス供給者にとって，投資を行うときの利得は

$$(1/2)\,\Pi-I=(1/2)3-2=-0.5,$$

投資を行わないときの利得は

$$(1/2)\,\Pi-I=(1/2)0-0=0$$

となり，供給者は低投資 $I^*=0$ が最適な選択となる。供給者はまさに，自分の投資によって生み出された価値の半分 $(1/2)\,\Pi$ しか見返りが得られない（＝ホールドアップされる）ため，投資に消極的になる（$I^*=0$）。他方，高投資 $I^*=2$ で，両者の合計利得（総余剰）が最大化される（$\Pi-I=3-2=1$）ことから，$I^*=0$ は非効率的な過少投資水準であり，教育サービスの「過少供給」が生じていることがわかる。$I^*=2$ のときの総余剰 1 から，$I^*=0$ のときの 0 への効率性ロス $1-0=1$ を減らすべく，つまり取引費用（取引コスト）を削減するために，学校教育の「ガバナンス」が重要になる。

注：理論的には，相手に**外部経済**を与える主体（教育サービス供給者）の投資は効率性の観点から見て過少になるので，**外部性を内部化**し最適な投資 $I^*=2$ を達成するメカニズムとして，ガバナンスが重要になる。

ホールドアップ問題：応用例②

契約の不完備性と投資への影響：障害者支援サービスの例

事業者と利用者（障害者）の障害者支援サービスの取引において，事業者による投資が行われる場合を考えます。たとえば，障害者が就労のために必要な知識や能力向上のために必要な訓練などです。こうした投資および支援の成果は当事者同士では観察可能であっても，法廷に対しては立証不可能であり，したがって事前に「契約」の中に盛り込むことは不可能です。この場合，障害者支援サービスの取引から生まれる余剰を，事業者と利用者（障害者）が，事後的に「ナッシュ交渉解」に従って半々に分け合うことになります。それを予想すると，適切な支援サービス水準に比べて投資は過少になり，非効率性（効率性のロス）が発生します。これも「ホールドアップ問題」の一例で，事前に完備契約を書いてコミットできないこと（「契約の不完備性」）から生じる非効率性＝「取引コスト」です。ウィリアムソンが指摘したように，このとき，取引費用（取引コスト）を削減するメカニズムとして，障害者福祉事業の「ガバナンス」が重要になります。Hart = Shleifer = Vishny（1997）は，貴重な示唆を与えてくれる先駆的な論文です。

障害者福祉における不完備契約

モデル　支援サービス提供事業者が投資を行うモデル

$t=1$ で，支援サービス事業者は，就労支援のための投資 $I\in\{0, 2\}$ を選ぶ。$t=2$ で事業者と利用者（障害者）の間で取引が行われ，取引余剰（取引利益）の分配は「ナッシュ交渉解」に従う。就労支援の成果は投資 $I\in\{0, 2\}$ に応じて $\Pi=\begin{cases}0 & \text{if } I=0\\ 3 & \text{if } I=2\end{cases}$ であり，支援サービス提供事業者の取り分は，取引利益の半分 $(1/2)\Pi$ となる。支援サービス提供事業者にとって，投資を行うときの利得は

$$(1/2)\Pi-I=(1/2)3-2=-0.5,$$

投資を行わないときの利得は

$$(1/2)\Pi-I=(1/2)0-0=0$$

となり，$-0.5<0$ より事業者は投資を行わない（$I^*=0$）が最適な（私的利得最大化の）選択となる。事業者はまさに，自分の投資（訓練）によって生み出された価値の半分 $(1/2)\Pi$ を相手に搾取される（ホールドアップされる）ことを嫌い，投資を行わない（$I^*=0$）ことになる。他方，$I^*=2$ で，両者の合計利得（総余剰，効率性，社会的利得）が最大化される（$\Pi-I=3-2=1$）ことから，$I^*=0$ は非効率的な過少投資水準である。

$I^*=2$ のときの効率性（総余剰）1 から，$I^*=0$ のときの 0 への効率性ロス $1-0=1$ を減らすべく，組織形態が考慮されることになる。つまり，ウィリアムソンが指摘したように，「効率性の損失（ロス）」＝「取引コスト」であり，取引費用（取引コスト）を削減するために，障害者施設の「組織形態」が重要になる。

Grossman=Hart=Mooreの資産所有アプローチ：基本モデル①

「ホールドアップ問題」が起こる状況では，「所有権（Ownership）」あるいは「財産権（Property Right）」の配分が決定的に重要であることを指摘したのが，**Grossman=Hart=Mooreの論文**（1986，1990）です。不完備契約の世界では，契約に明示的に定められている以外の事象が生起したときに，「所有権」（「財産権」）を持っているプレイヤーが，「資産」の使用に関する決定権を持っているからです。これを「資産所有権」（「財産権」）を持つ者に「残余コントロール権（Residual Control Right）が配分されている」といいます。そして，各々の「所有構造」は，「残余コントロール権」をプレイヤー間に配分することを意味します。

キーポイントは，各所有構造は，事後の再交渉段階での「交渉決裂（威嚇）点」に影響を与え，したがって，事前の投資インセンティブにも影響を及ぼすということです。より多くの資産の所有者は，より多くの「残余コントロール権」を持つことにより，再交渉段階でより大きな「交渉力」，すなわちより有利な「交渉決裂（威嚇）点」を持ち，したがってより多くの収益を稼げると予想されるので，事前により多く投資するインセンティブを持つからです。逆に，所有する資産が少なく，交渉力が落ちる側は，投資インセンティブも落ちます（これはウィリアムソン（2009年度ノーベル経済学賞受賞）の研究にはない視点です）。「最適な所有構造（財産権配分）」は，この2つの効果のトレードオフから決まることになるのです。

資産所有構造（ガバナンス構造）の選択

組立メーカー，部品メーカー両方が特殊的投資を行うモデル

$t=0$	$t=1$	$t=2$	
資産所有構造	$I_B, I_S \in \{0, 5\}$	事後的交渉	時間の流れ

$t=0$　資産所有構造（ガバナンス構造）の選択　VI/B, VI/S, NI

VI/B　買手（組立メーカー）B による統合，買手がすべての資産を所有

VI/S　売手（部品メーカー）S による統合，売手がすべての資産を所有

NI　非統合（組立と部品は独立企業同士，それぞれ自分の資産を所有）

$t=1$　組立メーカー，部品メーカーが，特殊的投資の水準 $I_B \in \{0, 5\}$，$I_S \in \{0, 5\}$ を選ぶ。

部品の価値は $V=\begin{cases} 32 & \text{if } I_B=0 \\ 40 & \text{if } I_B=5 \end{cases}$　部品のコストは，$C=\begin{cases} 16 & \text{if } I_S=0 \\ 10 & \text{if } I_S=5 \end{cases}$

$t=2$　事後の取引利益は，I_B, I_S に応じて，$V-C=\begin{cases} 40-10=30 & \text{if } I_B=5, I_S=5 \\ 40-16=24 & \text{if } I_B=5, I_S=0 \\ 32-10=22 & \text{if } I_B=0, I_S=5 \\ 32-16=16 & \text{if } I_B=0, I_S=0 \end{cases}$

VI/B　買手 B がすべての資産を所有するので，100%取引利益を得る。

VI/S　売手 S がすべての資産を所有するので，100%取引利益を得る。

NI　交渉決裂利得（0, 0）の下，買手 B と売手 S は，「ナッシュ交渉解」に従って 1/2 ずつ取引利益を得る。

◎各所有構造における買手（組立）と売手（部品）の利得関数

VI/B　$U_B=(V-C)-I_B$, $U_S=-I_S$

VI/S　$U_S=(V-C)-I_S$, $U_B=-I_B$

NI　$U_B=\dfrac{1}{2}(V-C)-I_B$, $U_S=\dfrac{1}{2}(V-C)-I_S$

◎ファーストベストの効率性（完備契約可能なケース）

$I_B^{FB}=I_S^{FB}=5$ のとき，総余剰 $(V-C)-I_B-I_S=40-10-5-5=20$

◎以上の設定の下で，各所有構造における投資ゲームの利得表を作成する（次頁へ）

Grossman=Hart=Mooreの資産所有アプローチ：基本モデル②

Grossman=Hart=Moore（GHM）の理論では，不完備契約下で，事後的に，契約に明示的に定められている以外の事象が生起したときに，「資産の使用（Asset Use）」を決定するのは，**残余コントロール権**（RCR）を持つ資産所有者です。モデルでは，$T=1$で選ぶ資産所有構造のそれぞれが，$T=3$の再交渉段階での交渉ポジションを決め，交渉力を決めます。右頁の利得表が示すように，買手（組立メーカー）による統合レジームでVI/Bは，投資水準は$I_B^*=5$, $I_S^*=0$で，総余剰は$40-16-5=19$，売手（部品メーカー）による統合レジームVI/Sでは，投資水準は$I_B^*=0$, $I_S^*=5$で，総余剰は$32-10-5=17$，非統合レジームでNIは，投資水準は$I_B^*=0$, $I_S^*=0$で，総余剰は$8+8=16$となります。よって，総余剰を比較して，**最適な資産所有構造（ガバナンス構造）**は，この場合，買手（組立メーカー）による統合レジームVI/Bとなります。投資の限界効率を見ると，統合レジームVI/Bでの買手（組立メーカー）のそれは，$40-32-5=3$，統合レジームVI/Sでの売手（部品メーカー）のそれは，$16-10-5=1$，非統合レジームNIでは，$\frac{40-32}{2}-5=-1$および$\frac{16-10}{2}-5=-2$であるため，**「投資の限界効率の高い人に資産所有権を配分**するのが最適である」という一般的な視点が得られます。

GHM の基本モデルをバックワードに解く

VI/B　買手（組立メーカー）による統合レジームでの投資ゲーム

B＼S	0	5
0	(16, 0)	(22, −5)
5	(19, 0)	(25, −5)

VI/B　買手は投資し売手は投資しない $I_B^*=5, I_S^*=0$ 総余剰は 19

VI/S　売手（部品メーカー）による統合レジームでの投資ゲーム

B＼S	0	5
0	(0, 16)	(0, 17)
5	(−5, 24)	(−5, 25)

VI/S　売手は投資し売手は投資しない $I_B^*=0, I_S^*=5$　総余剰は 17

NI　非統合レジームでの投資ゲーム

B＼S	0	5
0	(8, 8)	(11, 6)
5	(7, 12)	(10, 10)

NI　買手は投資し売手は投資しない $I_B^*=0, I_S^*=0$　総余剰は 16

◎**投資の限界効率の高い人に資産所有権を配分**するのが最適（VI/B）

Grossman=Hart=Moore アプローチの応用①垂直統合型多国籍企業

異なる国籍を持つ2企業（外資企業1と国内企業2）が存在します。外資企業1は高度な部品を生産し，国内企業2は組立加工して最終財（たとえば自動車）を製造します。最終財は，企業2の母国（中国）の市場で販売されます。各企業は独立の経営者である M_1 と M_2 によって経営されており，「**Grossman=Hart=Moore アプローチ**」の視点に立って，企業を「所有する資産の集合体」と考えます。当初，経営者 M_1 は資産 A_1 を所有し，経営者 M_2 は資産 A_2 を所有しているとし，次の2つの「資産所有」形態を考えます。(1) **非統合** (Non-Integration)：2企業の契約上の所有関係は存在せず，各企業が自分の資産を所有している状態。独立企業同士の関係です。(2) **統合** (Integration)：企業1（外資企業）が企業2（国内企業）の株式の50%以上を所有し，実質的に企業2の資産を所有しコントロールできる状態。つまり，外資企業1が国内企業2を合併買収し，国内資産 が外資企業1に移転された状態で，「**垂直統合型多国籍企業**」を意味します。企業は人的および物的資産からなりますが，当然，物的資産だけが法的に「移転」可能です。

垂直統合型多国籍企業の出現

◎資産所有構造の選択が最初の段階 $T=0$ でなされる。

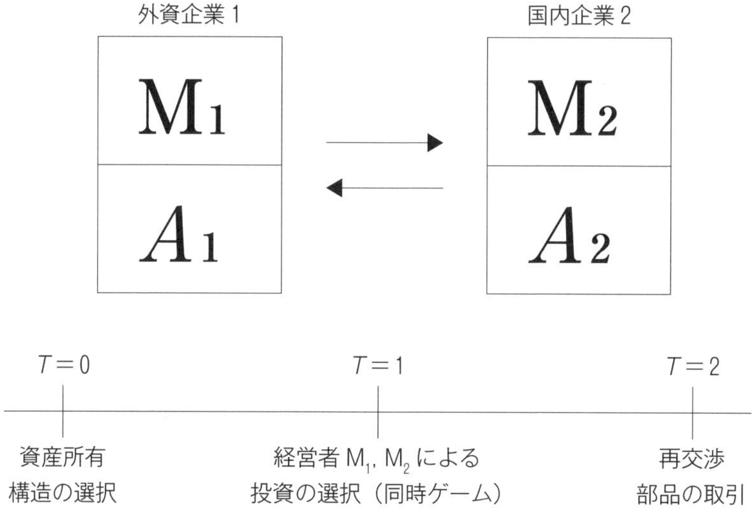

「垂直統合型多国籍企業」という所有形態は，$T=0$ 時点で「国内資産 A_2 を外資企業へ移転する」ことを意味する。資産 A_2 を国内企業 2 から外資企業 1 へ移転することは，$T=1$ の投資ゲームにおいて，外資企業 1 のインセンティブを改善するが，国内企業 2 のインセンティブを阻害する（GHM 効果）。外資の経営者 M_1 の投資インセンティブは刺激されるが，国内（中国）従業員 M_2 の投資インセンティブは阻害され，契約可能で簡単な仕事を低賃金で行っているという，先進国資本（外資）の生産拠点としての「世界の工場・中国」の姿をよく表している。

Grossman=Hart=Moore アプローチの応用②イノベーションの所有権

Grossman=Hart=Moore の資産所有（財産権，所有権）アプローチを，イノベーション・マネジメントに応用した Aghion=Tirole（1994）のモデルを紹介します。企業Cと研究者Rの両者がイノベーションを実現すべく投資 I_C，I_R を行っています。実現確率は，両者の投資の大きさに依存し，投資するほど確率は大きくなります。ここでは右頁のような投資と確率の関係を考えましょう。契約は不完備で，投資は当事者間では観察可能ですが立証不可能であり，実現したイノベーションの価値も立証不可能です。したがって，事前に契約可能なのは，イノベーションが実現したら，その所有権（財産権）は誰にあるのか，すなわちイノベーションに対する所有権の配分を特定化することであり，これは，ガバナンス構造を特定化することともいえます。

所有構造として，イノベーションが企業のものである場合（C-Ownership）と，研究者のものである場合（R-Ownership）を考えます。両者の投資への影響を通じて総余剰が最大になるのはいずれの場合でしょうか？　研究者の投資のイノベーションの実現確率への影響がより大きい場合には，研究者が所有権を持つべきです。しかしその場合でも，事前に企業に所有権が割り当てられていて交渉力を持っており，所有権の移転によって企業がこうむる損失（右頁の例では（CO）のときの期待利得 3.2 を補償するだけの十分な資金が研究者側にないとき（**資金制約**）には，最適所有構造を実現することができず，均衡でも非効率な所有権配分が続くことになります。

イノベーションに対する所有権の配分

C-Ownership（CO）　イノベーションの成果は企業のもの。
R-Ownership（RO）　イノベーションの成果は研究者のもの。
イノベーションの価値 $V=6$（実現した価値は立証不可能）

イノベーションの実現確率　$p(I_C, I_R)=\begin{cases} 1 & \text{if} \quad I_C=I_R=1 \\ 0.8 & \text{if} \quad I_C=0, I_R=1 \\ 0.7 & \text{if} \quad I_C=1, I_R=0 \\ 0.5 & \text{if} \quad I_C=I_R=0 \end{cases}$

（CO）　企業がイノベーションを所有し，100%取引利益を得る。
（RO）　研究者がイノベーションを所有し，100%取引利益を得る。

◎**各所有構造における企業 *C* と研究者 *R* の利得関数**
（CO）　$U_C=p(I_C, I_R)V-I_C, U_R=-I_R$
（RO）　$U_R=p(I_C, I_R)V-I_R, U_C=-I_C$

◎**均衡および達成される効率性**
（CO）　企業は投資し研究者は投資しない $I_C^*=1, I_R^*=0$
　　　　実現確率は $p(1, 0)=0.7$，総余剰は $0.7\times6-1=3.2$
（RO）　研究者は投資し企業は投資しない $I_C^*=0, I_R^*=1$
　　　　実現確率は $p(0, 1)=0.8$，総余剰は $0.8\times6-1=3.8$

◎**投資の限界効率の高い人（研究者）に所有権を配分**するのが最適だが，研究者側の**資金制約**から，均衡では実現しない可能性あり。

特殊的投資とくり返しゲーム

継続的関係と特殊的投資へのインセンティブ

部品メーカーと組立メーカーが，次の順番で戦略を選ぶとします。$T=1$：部品メーカーが特殊的投資を行うか否かを決める。$T=2$：組立メーカーは，部品メーカーが特殊的投資を行った場合，適正価格を払うか買い叩くかを決める。部品メーカーが特殊的投資を行わない場合，取引不成立で，両者０の利得を得る。

１回限りのゲームの解は，「組立メーカーは，部品メーカーが特殊的投資をする場合に，機会主義的に振る舞い部品を買い叩く。部品メーカーは，組立メーカーのそのような機会主義（ホールドアップ）を予想し，組立メーカーを信頼せず，特殊的投資を行わない。」というもので，右頁の上図の展開形ゲームの太字で表されます。

しかし，無限回くり返しゲームでは，右頁の下図のように，組立メーカーは，部品メーカーの信頼（特殊的投資を行う）に応え，適正価格を払う誠実な企業だという評判を維持するインセンティブを持ち，それを予測して，部品メーカーも組立メーカーを信頼し，特殊的投資を行い続ける。すなわち（特殊的投資，適正価格）という協調戦略の組が，くり返しゲームのナッシュ均衡として実現しうることを示せます。

くり返しゲームを用いて分析する

1 期ゲーム（1 回限りのゲーム）

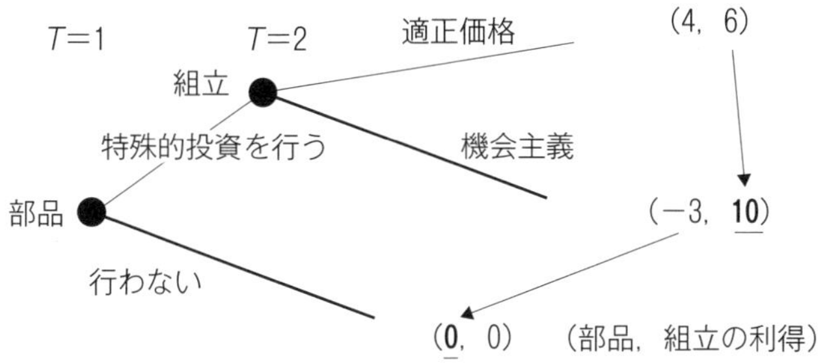

くり返しゲーム（無限回くり返しゲーム）

トリガー（引き金）戦略（Trigger Strategy）：**最初は**協調する（特殊的投資を行う，適正価格を払う）。**次からは**，自分と相手が協調戦略（特殊的投資，適正価格）をとり続けてきた限り協調する（特殊的投資，適正価格）が，一度でも一方が裏切ったならば，永久に協調しない（信頼しない）。

＊組立メーカーの長期的なインセンティブ構造

「短期的な利益≤長期的な損失」のとき，裏切らない

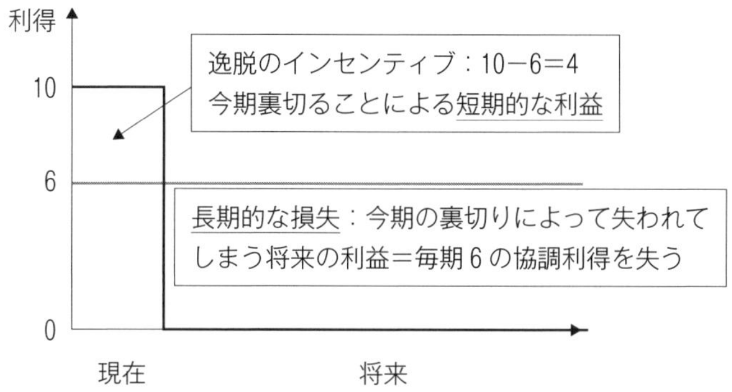

Aghion and Tirole（1997）の権限のモデル

権限配分・権限委譲のモデル①
プリンシパルへの公式権限の配分

Aghion=Tirole（1997）の権限配分・権限委譲のモデルを考えます。プリンシパル（経営者），エージェント（技術者）が，自分のアイディアを見つけてプロジェクト案を作成するために，それぞれE，eの努力をしています。その努力のコストは$C(E)=E^2/2$，$C(e)=e^2/2$であり，それぞれE，$e\in[0, 1]$確率で自分のプロジェクト案が見つかり，確率$1-E$，$1-e$でプロジェクト案は見つからないとします。プリンシパル（経営者）のアイディアが見つかって実施された場合は，プリンシパルにBの便益，エージェント（技術者）のアイディアが見つかって実施された場合は，エージェントにbの便益を与えるとし，相手のアイディアに基づくプロジェクトが実施された場合は，自分の理想のプロジェクトが実施された場合のα倍（$0\leq\alpha\leq1$）の便益しか得られないとします。言い換えれば，利害一致の程度はαであるとします。契約には，プリンシパルが権限（Formal Authority）を持つことが記述されていて，プリンシパルとエージェントの両方がプロジェクトを見つけた場合は，プリンシパルは自分のプロジェクトを優先的に実施し，エージェントのプロジェクトを却下することができます。また，資金制約等のために，実施できるプロジェクトは1つだけであるとします。このゲームの均衡を求めるには，第2章のクールノー・ナッシュ均衡（pp. 50-51）を求める手法を使います。

利得関数と最適反応関数を用いて分析する

公式の権限（書面に書かれたフォーマルなもの）

不完備契約は権限配分（誰に公式の権限が配分されるか）を特定化。

P-Authority（P に公式の権限が配分された状態）での P，A の利得関数は，

$$U_P = EB + (1-E)eaB - E^2/2,\quad U_A = Eab + (1-E)eb - e^2/2$$

最適反応関数　$(1-ea)B = E$　　P の最適反応関数 BR_P

$(1-E)b = e$　　A の最適反応関数 BR_A

プリンシパルの方が（その限界便益が大きいので）相対的に大きな努力を行い，その結果，良いアイディアを見つけて，自分の理想のプロジェクト案を実現させる可能性が高い。

◎ナッシュ均衡は下図の最適反応関数の交点 NE

両者の最適反応曲線

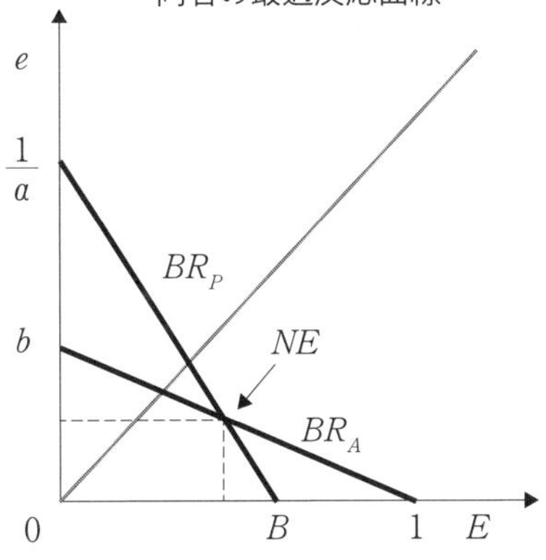

◎権限を配分された側（プリンシパル）のインセンティブは高まり，他方(エージェント)のインセンティブは下落する。（Grossman=Hart モデルでも，資産所有者のインセンティブが高まり，他方は下落する。）

権限配分・権限委譲のモデル②
エージェントへの公式権限の配分

Aghion=Tirole（1997）の権限モデルを引き続き考えます。先ほどは，（不完備）契約には，プリンシパルが権限（Formal Authority）を持つことが明記されていました。今度は，エージェントに権限（Formal Authority）が配分されるケースを考えます。この場合，プリンシパルとエージェントの両方がプロジェクト案を見つけた場合には，エージェントが自分のプロジェクトを優先的に実施し，プリンシパルのプロジェクトを却下することができます。この設定は，エージェントに公式の権限が委譲されたことを意味します。この不完備契約の状況でのゲームの新たな均衡を求めると，両者の最適反応関数のシフトを通じて，右頁のようになります。

プリンシパルにとって，公式の権限をエージェントに委譲することは最適なのでしょうか？　まず長所は，エージェントのイニシアチブを高め，やる気を促すことを通じて，良いプロジェクトが見つかる可能性が高まることです（右頁の①の効果）。一方，短所は，エージェントに公式の権限を委譲してしまうことにより，自分のコントロール権を失ってしまうことで，よりしばしば，自分の理想のプロジェクトをエージェントに却下され，エージェントの決めたプロジェクトを形式的に承認するという状況に追い込まれてしまうことです。これにより，プリンシパルはやる気を失います（右頁の②の効果）。このトレードオフのいずれが大きいかで，権限委譲をすべきか否かが分かれることになります。たとえば，利害一致の程度αが大きいときには，①の効果が優勢となり，権限委譲が望ましくなります。

利得関数と最適反応関数を用いて分析する

公式の権限（書面に書かれたフォーマルなもの）

権限の配分（誰に公式の権限が配分されるか）：P または A

A-Authority（A に公式の権限が配分された状態）での P，A の利得関数は，

$$\hat{U}_P = \hat{e}aB + (1-\hat{e})\hat{E}B - \hat{E}^2/2,\quad \hat{U}_A = \hat{e}b + (1-\hat{e})\hat{E}ab - \hat{e}^2/2$$

最適反応関数　$(1-\hat{e})B = \hat{E}$　P の最適反応関数 BR_P

$(1-\hat{E}a)b = \hat{e}$　A の最適反応関数 BR_A

エージェントの方が（その限界便益が大きいので）相対的に大きな努力を行い，その結果，良いアイディアを見つけて，自分のプロジェクト案が実現される可能性が高い。

◎ナッシュ均衡は下図の最適反応関数の交点

両者の最適反応曲線

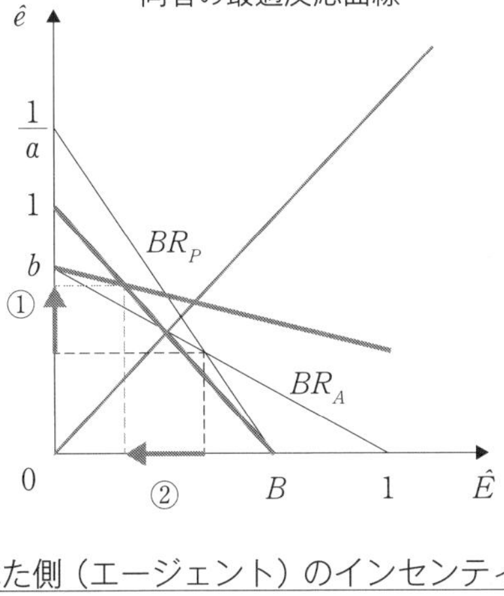

◎権限を配分された側（エージェント）のインセンティブは高まり（①），他方（プリンシパル）のインセンティブは下落する（②）

①イニシアチブ効果

②コントロール・ロス効果

権限配分・権限委譲のモデル③
「大学のガバナンス」への応用

Aghion=Tirole（1997）の権限モデルを使って「大学のガバナンス」を考えます。近年の改正学校教育法（これも１つの「不完備契約」です）には，総長・理事会（法人）が公式の権限（Formal Authority）を持つことが明記されました。この場合，総長・理事会と教授会（教学）の両方が改革案を見つけた場合，理事会が自分の改革案を優先的に実施し，教授会の改革案を抑えることができます。この不完備契約の状況でのゲームの均衡を求めると右頁のようになります。

総長・理事会（法人）に公式の権限（決定権）が配分されたことによって，まず，従来の教授会自治から，法人が自らの主導権（イニシアチブ）を強め，理想の改革案を見つけて迅速に実行する可能性が高まります（右頁の図①の効果）。また，教授会から公式に権限を取り戻したことにより，自らのガバナンスを実現させ，自分の理想の改革をより実現させやすくなります。一方で，教授会（教学）は自分の改革案を理事会（法人）に却下され，理事会の決めた改革案を形式的に承認するだけという状況に追い込まれてしまいます。つまり，教授会自治は弱まります（右頁の図②の効果）。

さらに，総長を補佐する副学長制度の設置は，総長・理事会が改革案をサーチするコストを大幅に引き下げることになるでしょう（右頁の努力コストで $D>1$）。この場合，総長・理事会の「実質的な権限」も強まることになります。それは，最適反応関数 BR_P が右方にシフトすることによって，総長・理事会の均衡努力水準が高まり，実際により多くの改革案を実現することで表されます。

大学のガバナンスを分析する

公式の権限（書面に書かれたフォーマルなもの）

権限の配分　公式の権限は，法律により，理事・総長に配分

P-Authority（P（総長・理事会）に公式の権限が配分された状態）での P，A の利得関数は，

$$U_P = EB + (1-E)eaB - E^2/2D,\quad U_A = Eab + (1-E)eb - e^2/2$$

最適反応関数　$(1-ea)B = E/D$　P の最適反応関数 BR_P

$(1-E)b = e$　A の最適反応関数 BR_A

P（総長・理事会）の方が（その限界便益が大きいので）相対的に大きな努力を行い，自分のアイディアを見つけて，理想の改革案を実現させる可能性が高い。ナッシュ均衡は下図の最適反応関数の交点。

両者の最適反応曲線の変化

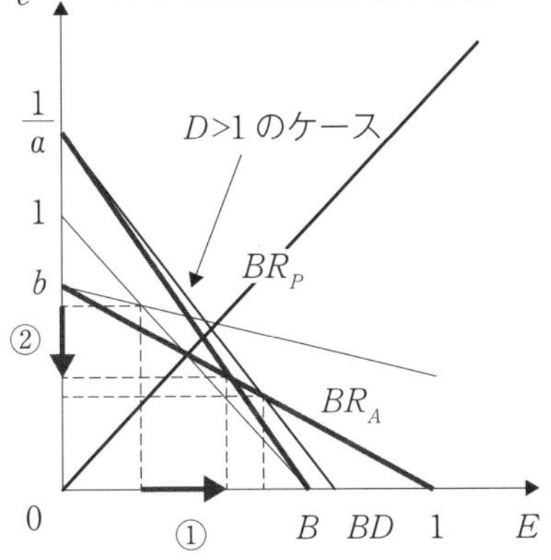

◎権限を配分された側 P（総長・理事会）のインセンティブは高まり，他方（A（教授会））のインセンティブは下落する。

教授会自治↓主導権↓

◎ D>1 により，総長・理事会の実質の権限も強まる。

第 12 章

その他のトピックとゲーム理論の発展

互いに納得のいくパートナーを

最適なパートナーを考える マッチング理論

近年，発展が著しい分野として，**マッチング理論**があります。誰と誰がパートナーとなるのが望ましいかを研究する理論です。企業と労働者の関係から，研修医と病院のマッチング，結婚まで幅広い分野で応用が可能な論理になります。

〈GAME 12-1〉集団お見合いを考えます。男女6人で，食事と歓談の後，最終的に各自それぞれの選好順序（好み）が右のように出たとします。たとえば，男性陣の「岸田（大本，樫野，S，西脇）」は，「岸田は，西脇との結婚よりも独身を望み，独身よりも樫野との結婚を望み，樫野との結婚よりも大本との結婚を望む」という意味になります。

この6人の最適な組み合わせを解くには，お互いに好意を持っているカップルを先に退席させていく方法があります。この場合は，互いに第1候補としている岸田と大本が，最初に退席します。残った4人の中で，佐藤と樫野が最良のカップルとなり，退席します。以上の2組のカップルが退席した場合，森は西脇とカップルになるくらいなら独身でいることを好みます。こうして得られた組み合わせは，男性が別の女性を選び，その女性もその男性を選ぶような，別の男女の組み合わせはもはや存在しないという意味での「**安定性**」を持っています。その意味で，みなが納得するマッチング結果なのです。

マッチングの仕組み

マッチング理論　企業と労働者の関係を始め，誰と誰がパートナーとなって経済活動などを行うのが最適かを考える理論

〈GAME 12-1〉男女 6 人お見合いゲーム

互いに最適な組み合わせから取り除いていく

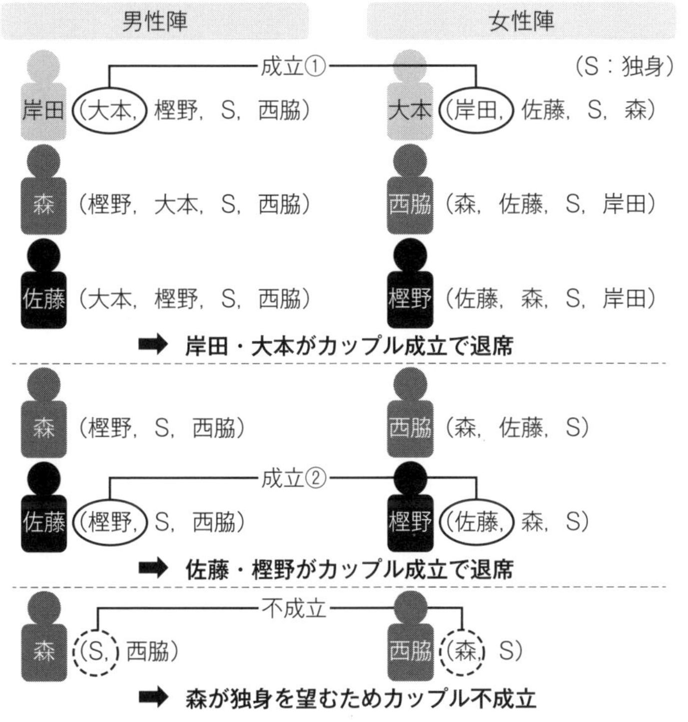

マッチングゲームの解　岸田・大本，佐藤・樫野が結婚，森と西脇は独身

安定性を満たすマッチングの結果を得るには

受入保留アルゴリズム（Deferred Acceptance（DA）algorithm）

1962年に，ゲールとシャプレイは，前頁の「安定なマッチング結果」を具体的に見つける手順を開発しました。それは，**受入保留（Deferred Acceptance（DA））アルゴリズム**と呼ばれています。

前頁の例を使って説明しましょう。ここでは男性側がプロポーズするケースを考えます。まず男性3人がそれぞれ一番好きな女性にプロポーズします。岸田と佐藤は大本にプロポーズしますが，大本は岸田の方が好きですので，岸田をキープして佐藤を振ります。樫野は森をキープします。この「キープ」もしくは「とりあえず」マッチングされた状態を（岸田，大本）（森，樫野）のように表します。次に，佐藤は，2番目に好きな樫野にプロポーズします。樫野は佐藤と現在キープ中の森を比較し，佐藤を新たにキープして，森を振ります。その結果，「キープ」の関係は，（岸田，大本）（佐藤，樫野）に変更になります。次に森は，2番目に好きな大本にプロポーズしますが，大本は一番好きな岸田とマッチングされていますので，森のプロポーズを断ります。最後に，森は西脇との結婚よりは独身を好みますので，プロポーズは行いません。これでアルゴリズムは終了し，この時点での「とりあえず」のマッチング（岸田，大本）（佐藤，樫野）を正式に承認します。森と西脇は，独身です。

この「受入保留DAアルゴリズム」を開発したシャプレイと，全米研修医マッチングプログラム（NRMP）やボストンの学校選択制，腎臓交換など，現実の制度への理論の実践を進めたロスが，2012年度のノーベル経済学賞を受賞しました。この分野は「**マーケットデザイン**」として，近年著しい発展を遂げています。

受入保留（DA）アルゴリズムの手順

男性側DAアルゴリズム

ステップ1　岸田と佐藤は一番好きな女性である大本に，森は一番好きな女性である樫野にプロポーズする。大本は岸田をキープして佐藤を振り，樫野は森をキープする。この「キープ」関係，もしくは「とりあえず」マッチングされた状態を次のように表す。

（岸田，大本）（森，樫野）

ステップ2　佐藤は，これまで振られていない女性の中で一番好きな樫野にプロポーズする。樫野は佐藤と現在キープ中の森を比較し，佐藤を新たにキープして，森を振る。その結果，「キープ」関係は，次のようになる。

（岸田，大本）（佐藤，樫野）

ステップ3　森は，これまで振られていない女性の中で一番好きな大本にプロポーズするが，大本は森を振る。

（岸田，大本）（佐藤，樫野）

ステップ4　森は西脇との結婚よりも独身でいる方を好むので，これ以上プロポーズは行わない。その他の男性は皆，特定の女性にキープされており，これ以上プロポーズを行う者はいない。ここで男性側DAアルゴリズムは終了し，この時点でのキープ状況

（岸田，大本）（佐藤，樫野）

をカップルとして最終決定する。森と西脇は，独身となる。

ここまで遅れて（Deferred）の最終承認（Acceptance）となった。

女性側DAアルゴリズム

女性側がプロポーズを行う場合であり，この例では，同じマッチング結果が導かれる。ただし，これは常には成り立たず，両者は異なるマッチング結果を導くこともある。

安定的マッチングの解　岸田・大本，佐藤・樫野が結婚，森と西脇は独身

動的な環境を分析する進化的ゲーム理論

プレイヤーが限定合理性を持ち，社会における戦略分布が徐々に変化する状況を扱うのが，生物学の分野から発展した**進化的ゲーム理論**です。

たとえば，エサをとり合うタカとハトの群れを考えます。動物ですので，合理性を持たず習性に従い，タカは攻撃的に，ハトは平和的に行動します。ハト同士では平和的にエサを分け合い，ハトはタカと出会うとエサを多くとられます。しかし，タカ同士では攻撃し合って，互いに消耗して傷ついてしまいます。この行動の結果は自然環境への**適応度**であり利得と考えます。適応度はそのままタカとハトの勢力分布になり，低い方が子孫を残せず自然淘汰されるとします（利得行列は右頁の表）。

ハトが多いとタカは繁栄するが，タカが多いとお互いに攻撃し合って生き残れません。この自然淘汰を通じた進化のプロセスを右頁のゲームを使って解けば，タカとハトが半分ずつという勢力分布が，**進化的に安定**した状態であるとわかります。そして，この進化的に安定な分布は，タカ・ハトゲームの**混合戦略ナッシュ均衡**に対応しています。

自然淘汰をモデル化するゲーム理論

進化的ゲーム理論　習性で戦略を選ぶという限定合理性を持ったプレイヤーを扱い，集団全体の戦略分布が時間を通じて変化する状況を分析する

〈GAME 12-2〉タカとハトの自然淘汰

ハトの分布比率：h　タカの分布比率：$1-h$
利得：環境への**適応度**

	ハト（平和的）	タカ（攻撃的）
ハト（平和的）	（**2**，2）	（**1**，3）
タカ（攻撃的）	（**3**，1）	（**0**，0）

●ハトの期待利得（適応度）
$h\times 2+(1-h)\times 1=h+1$　——①
●タカの期待利得（適応度）
$h\times 3+(1-h)\times 0=3h$　——②

① ②より $h=0.5$ のとき，タカとハトの期待利得（適応度）はともに 1.5 で等しくなる。
$h>0.5$ のときタカの期待利得（適応度）の方が大きく，タカが繁栄しやすい環境のため，時間が経てばタカが増え（＝ハトが減り），$h=0.5$ へ収束する。
$h<0.5$ のときも同様に，$h=0.5$ へ収束する。

ゲームの解　$h=0.5$ が「**進化的に安定**」な分布

進化的に安定な分布 $h=0.5$ は，タカ・ハトゲームの混合戦略ナッシュ均衡に対応する。

進化的ゲーム理論②

進化ゲームと進化的に安定な均衡：囚人のジレンマのケース

進化生物学者の**メイナード・スミス**は，人間社会で起こる「**囚人のジレンマ**」は，生物の生存競争の状況でも起こると唱えました。ある南の島の鳥の集団社会において，「誠実」な鳥の割合を h，「浮気」な鳥の割合を $1-h$ とします。この集団の中からオスとメス1羽ずつが**ランダムにマッチング**して「つがい」となり，右頁の表の囚人のジレンマゲームをプレイします。各タイプの鳥は，そのときの鳥社会の戦略分布 h，$1-h$ に対する**期待利得（適応度）**を得ます。以上のプロセスをくり返すと，時間の経過とともに，鳥社会の戦略分布はいかなる定常状態へ収束するでしょうか。右頁の解説のとおり，「浮気」な鳥の期待利得の方が常に高く，環境への適応度が高いので，長期的に勢力を伸ばしていきます。一方，「誠実」な鳥は環境に適応できず，進化プロセスを通じて自然淘汰されていきます。結局，「浮気」な鳥だけが生存する状態が**進化的に安定**（Evolutionally Stable）となり，どんな突然変異が生じても元に戻る安定状態となりますが，両方とも「浮気」であるため，結局は多くの子孫を残せないことがわかります（**囚人のジレンマ**）。

進化的ゲーム理論：囚人のジレンマ

〈GAME 12-3〉誠実な鳥と浮気な鳥の間の自然淘汰

「誠実な＝浮気をしない鳥」の分布比率：h
「浮気な鳥」の分布比率：$1-h$
表の数値は生涯残せる自分の子孫の数

メス ＼ オス	誠実	浮気
誠実	（10, 10）	（5, 20）
浮気	（20, 5）	（7, 7）

●誠実（Honest）な鳥の期待利得（適応度）
$h \times 10 + (1-h) \times 5 = 5h + 5$ ――①
●浮気（Cheat）な鳥の期待利得（適応度）
$h \times 20 + (1-h) \times 7 = 13h + 7$ ――②

①②より $0 \leq h \leq 1$ に対して $5h+5<13h+7$
いかなる戦略分布（h, $1-h$）に対しても，浮気（Cheat）な鳥の期待利得（適応度）の方が常に高い。すなわち，環境への適応度が高いので，長期的に勢力分布を伸ばしていく。一方，誠実（Honest）な鳥は環境に適応できていないので，長期的な進化プロセスを通じて，自然淘汰されていく。

ゲームの解　$h=0$ が「**進化的に安定**」な分布

進化的に安定な分布 $h=0$ は，囚人のジレンマゲームのナッシュ均衡（支配戦略均衡）状態に対応する。

進化的ゲーム理論③

進化ゲームと進化的に安定な均衡：協調ゲームのケース

進化ゲーム理論は，制度の安定性や動的な変化に関する分析も可能にします。ここでは，会計制度に目を向けてみます。「時価会計」とは，会社の資産や負債を時価で評価する会計ルール，「原価会計」とは，原価（取得原価）で評価する会計ルールです。日本では，原価評価主義のまま会計制度は長らく変化してきませんでしたが，21 世紀に入って，一部金融資産への時価評価が制度化され，「原価会計」から「時価会計」への転換が進みつつあります。この話に進化的ゲーム理論を援用して，分析してみましょう。

ある社会において，「原価会計」を採用する企業の比率を h，「時価会計」を採用する企業の比率を $1-h$ とします。毎期 2 つの企業がランダムにマッチングして，右表の「協調ゲーム」をプレイします。各会計基準をとる企業は，そのときの戦略分布 h，$1-h$ に対して期待利得（適応度）を得ます。以上のプロセスをくり返すと，右頁の解説のとおり，$h=2/3$ のとき，「原価会計」の企業と「時価会計」の企業の期待利得は等しくなりますが，そのとき，わずかに「原価会計」を実験的に採用する企業が増えるとします。そうした「突然変異」に対して，「原価会計」企業の期待利得の方が大きくなり，時間の経過とともに「原価会計」採用企業が増え，全企業が「原価会計」を採用する状態に収束し，安定な均衡状態となります。しかし，時代とともに環境も変化し，（時価，時価）のときの利得が，4 からたとえば 6 に上がった場合は，社会全体の $1/4+\varepsilon$ が「時価会計」を採用すれば，「時価会計」が最適になり，全員が「時価会計」を採用する状態に移行していきます。こうした**歴史径路依存性**とそこからの**制度移行**をも分析できるのです。

進化的ゲーム理論：協調ゲーム

〈GAME 12-4〉2つの会計基準の間の選択問題

「原価会計」を採用する企業の比率：h
「時価会計」を採用する企業の比率：$1-h$
期待利得：適応度

	原価	時価
原価	（2，2）	（0，0）
時価	（0，0）	（4，4）

● 「原価会計」を採用する企業の期待利得（適応度）
$h\times 2+(1-h)\times 0=2h$　――①
● 「時価会計」を採用する企業の期待利得（適応度）
$h\times 0+(1-h)\times 4=4-4h$　――②

①②より $h=2/3$ のとき，「原価会計」を採用する企業と「時価会計」を採用する企業の期待利得（適応度）はともに4/3で等しくなる。$h>2/3$ のときは「原価会計」採用の期待利得（適応度）の方が大きく，時間の経過とともに「原価会計」採用企業が増え，$h=1$ へ収束する。逆に $h<2/3$ のときは「時価会計」採用の期待利得（適応度）の方が大きく，時間の経過とともに「時価会計」採用企業が増え，$h=0$ へ収束する。

ゲームの解　$h=0,1$ が「**進化的に安定**」な分布

進化的に安定な分布 $h=0,1$ は，協調ゲームの2つの純粋戦略ナッシュ均衡に対応する。どちらの均衡が実現するかは初期状態に依存する。＝**歴史径路依存性**

ゲーム理論を実験する

実験で理論の妥当性を検証する 実験経済学

物理や化学などの自然科学と異なり，経済現象は，実験によって再現することができず，過去のデータを分析するしかないと思われていました。しかし，**実験経済学**は，実際の人間を被験者として経済理論を検証する手法をとって，大きな成果をあげて注目されています。

実験の手法は，実験室の中に経済理論に必要な環境を設計します。被験者には実際に行動通りの報酬を与えるなどして，その行動を調べることで，理論予測を検証します。

囚人のジレンマやオークション，フリーライダーなどのゲーム理論も検証されています。たとえば，オークション実験では，参加者がナッシュ均衡よりも高めの価格を入札する過剰評価が現れることが知られ，従来のゲーム理論からは予想できなかった興味深い結果が得られています。こうした実験結果を下に，限定合理的な人間の実際の意思決定の仕方が徐々に解き明かされているのです。これは**行動ゲーム理論**という研究分野です。本書でも第6章の交渉理論で，この分野の先駆的成果ともいえる「最後通牒型の交渉ゲーム」の実験結果が，通常の理論予測と異なる結果が得られたことを紹介し，それを説明する行動ゲーム理論的なモデルを提示しました（pp. 142–147 参照）。

新しい経済学

科学と実験

自然科学

自然現象に対して仮説を立て実験観察により検証するという方法で理論を証明してきた。

社会科学

経済現象や社会現象は再現性がなく実験できないとして，過去のデータを分析・考察し，理論を作り上げてきた。

➡ 困難だと思われていた経済学の理論仮説を実験したのが実験経済学

実験経済学とは

実験経済学　実際の人間を被験者として，部分的な経済理論を検証し，それを理論に反映する。

●オークション実験の例

実験室の中にオークションと同じ環境を設計し，被験者には実際に成果通りの報酬と商品を与えた。

➡ナッシュ均衡よりも高めの価格を入札する過剰評価の傾向が現れた。

従来のゲーム理論からは予想されなかった結果を下に人間の限定合理性はどのようなものかを検証できる。

現実の人間の行動とは

経済活動における人間の行動を心理的側面から分析する行動経済学

人間の心理的な側面から，人間の行動や社会経済現象を研究するのが**行動経済学**です。限定合理性だけでなく，心理的な要因も含め，人間の行動を対象にします。実験はその主な方法論です。

行動経済学の立役者である2002年ノーベル経済学賞を受賞した**カーネマン**は，感情や心理的要因が意思決定に及ぼす影響を検証しました。

たとえば，リスク選好の実験として，100％の確率で3万円をもらえるAくじと，80％で4万円をもらえるが，残り20％の確率で何ももらえないBくじがあります。このくじの選択を実験した結果，80％の人がAくじを選びました。そして，同じように3万円を100％払わなければいけないAくじと，4万円を80％の確率で払わなければいけないが，残り20％の確率で何も払わなくてもよいBくじの選択を実験した結果，92％の人がBくじを選択したのです。つまり，「利得」方向での選択では確実な選択肢を選択し（リスク回避的），「損失」方向での選択では不確実な選択肢を選択する（リスク愛好的）というように，現実のリスク選好にも心理的傾向があることがわかったのです。こうした現実の行動をとらえた理論が，**プロスペクト理論**です。

行動経済学とは

行動経済学　現実の人間がどんな選択・行動をとり，どのような経済現象が発生するかを，心理的要因に注目して研究する。

カーネマンの実験

実験 1　「利得」方向：2 つのくじのどちらを選ぶか

A くじ		B くじ	
100% 3 万円	or	80% 4 万円	20% 0 円

➡ 80%の人が A くじを選んだ＝**リスク回避的**

実験 2　「損失」方向：2 つのくじのどちらを選ぶか

A くじ		B くじ	
100% －3 万円	or	80% －4 万円	20% 0 円

➡ 92%の人が B くじを選んだ＝**リスク愛好的**

プロスペクト理論　利益を受ける場合はリスクを避け，損失をこうむる場合は，リスクをとろうとする傾向がある。

プロスペクト理論と参照点（レファレンス・ポイント）

不確実性下の意思決定理論としてのプロスペクト理論

プロスペクト理論は，**期待効用理論**の枠組みでは説明できない現象を，実験を踏まえて検証することで，不確実性下の意思決定をより整合的に説明する理論に発展しました。意思決定者は**価値関数**を持ち，**参照点**（reference point）を基準として，そこからの変化に対して心理的価値を感じます。右頁の図のように，価値関数は，変化がプラスである「利得」の領域では凹関数であり，変化がマイナスである「損失」の領域では凸関数となります。これは，利得領域ではリスク回避的，損失領域ではリスク愛好的であることを意味します。また，損失領域の方が価値関数の傾きが大きく，損失が利得よりも大きなインパクトを持ちます。この性質を「**損失回避性**（Loss Aversion）」といいます。この下では，遺伝子組み換えなど，大きな損失をもたらす可能性がある技術に対しては，低い評価となる可能性があります。また，現在の政権が一定程度成功していれば，新たな制度改革に対して保守的になる「現状維持バイアス」も出てきます。中国の制度改革が漸進的で，急激にレジームを変えようとしないのも，プロスペクト理論から理解できるでしょう。

プロスペクト理論

価値関数（value function）のグラフ：S 字型

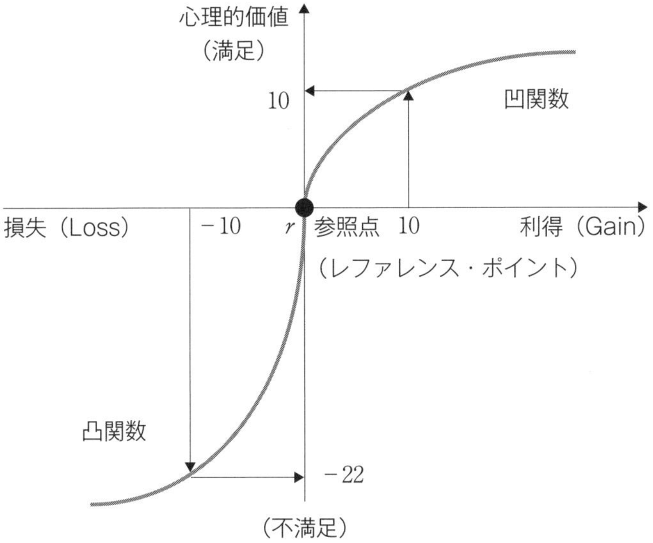

価値関数の 3 つの特徴

1．参照点からの変化分で価値（満足，不満足）を評価（**参照点依存**）
2．参照点を基準にして，利得領域では凹関数，損失領域では凸関数
3．損失領域の方が傾きが大きく，損は得よりもインパクトが大（**損失回避**）

含意

＊成功者が改革に対して保守的になる「現状維持バイアス」の発生。
＊消費者の心の中の「参照価格（参照点）」を販売店側が分析した上で価格付けする，など。

行動的要素（心理的要因）の導入

行動経済学：「心理的要因」を取り入れた消費者行動のモデル

行動経済学とは，伝統的な合理的経済人を前提とした経済学ではなく，不合理な面（限定合理性）も併せ持つ**現実の人間像**を前提とし，人間がどのように選択・行動し，その結果どのような現象が発生するかを，特に「心理的要因」に注目して研究する経済学です。つまり，行動経済学は，**経済学と心理学が融合**したものです。「心理的要因」を取り入れたゲーム理論のモデルは，本書でも触れてきましたが（たとえば，交渉モデルに不平等回避型の選好を導入するモデル，pp. 146-147 参照），ここでは，ミクロ経済学の「消費者行動モデル」に，行動的要素を組み入れて，「ひとりカラオケ」に行くか否か，を考察してみましょう。右頁の上図は，心理的要因がない（人に見られているという知覚リスクや心理的コストがない）場合には，3 単位消費するのに，**心理的なコスト**があると消費しない（ひとりカラオケには行かない）ことになることを示しています。しかし，この消費者が**強い消費者関与**を持っている（**心理的な便益が大きい**）と，右頁の下図のように，限界便益曲線が上昇するため，1 単位＝ 30 分，ひとりカラオケを楽しむことになるのです。

「心理的要因」を取り入れた消費行動モデル

「ひとりカラオケ」:「心理的コスト」があると消費しない

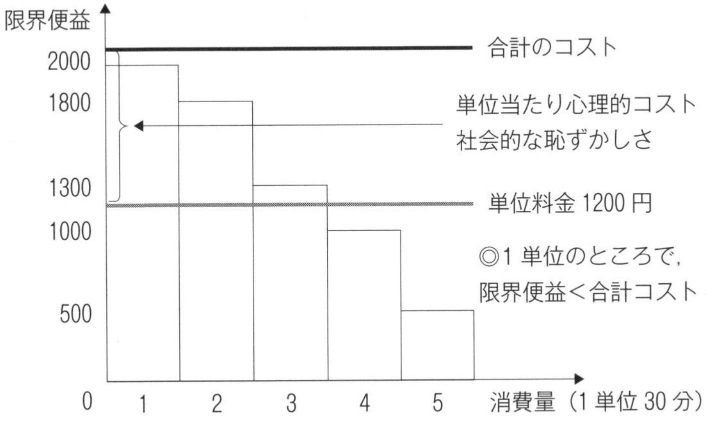

◎この場合，消費者は，**ひとり**カラオケをしない（0回が選択される）。

消費者関与（「心理的な便益」）が大きいと消費する

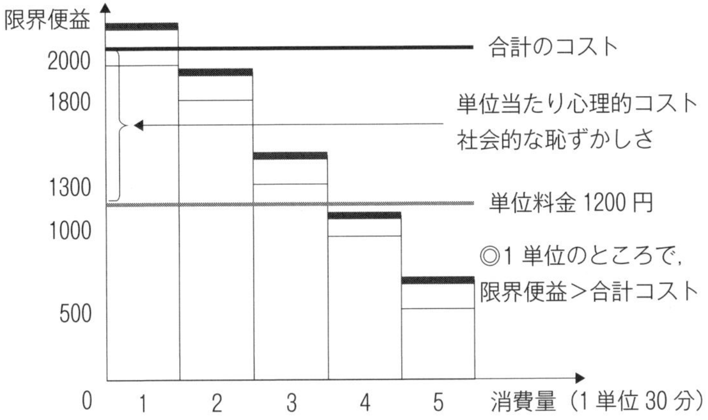

◎この場合，消費者は，**ひとり**カラオケをする（1単位が選択される）

制度の分析や設計を行う比較制度分析

さまざまな環境での個人や集団，国家の行動を理論化することを通じ，制度の成り立ちや変化を分析するのが，スタンフォード大学教授であった青木昌彦（1939～2015）を中心に創始された**比較制度分析**です。

ナッシュ均衡とは，自分の戦略が，他プレイヤーの戦略に対する最適反応となる状態でした。均衡点から自分だけ戦略を変更しても利得は下がるだけなので，自発的な「拘束力」があるといえます。それを「**均衡としての制度**」ととらえ，制度の進化を探る研究が進められています。たとえば，グライフらの**比較歴史制度分析**は，経済史研究（経済史）と比較制度分析（ゲーム理論）が結びついた研究として有名です。

また，東京築地の魚市場の競りをヒントに，米国の通信事業者への周波数のライセンス配分に，「同時競り上げオークション」の形態が選択され，効率性と政府収入という点で大成功を収めました。これはゲーム理論が適用され，成功した代表例です。一方で，失敗例も多く，オークションを利用しても，既得権維持の不公正が問題となることがあります。これは，実態をよく観察した慎重な制度の設計が求められることを示唆しています。

ゲーム理論で制度を分析する

比較制度分析

不確実な環境での個人や集団の限定合理的な行動を理論化することを通じて，経済活動を支える社会的規範や法的規則などを制度として分析する。

ゲームの均衡の制度分析への応用

ナッシュ均衡

他プレイヤーの戦略に対する最適戦略

→

均衡としての制度

戦略を変更する必要がないため，自発的な「拘束力」を持つ

成功例

東京築地の魚市場の競りをヒントにして，米国の通信事業者への周波数のライセンス配分に，「同時競り上げオークション」を採用し成功を収めた。

失敗例

元社会主義国が国有企業の民営化のために，オークションで国有資産の民間への売却を試みたが，既得権の維持などの不公正さが問題となって失敗。

実態をよく観察した
慎重な制度設計が求められる

Column

ゲーム理論と多様な現実社会

ゲーム理論は，各プレイヤーが，他のプレイヤーとの相互依存関係の中で，自分の利得を最大限獲得するために，合理的な意思決定を行うことを前提にした理論です。企業の組織や政府の規制にもインセンティブやコミットメントなどゲーム理論の考え方が多く普及しています。ただ，現実世界では，個人も組織も，合理的に行動するばかりではありません。勘で動いたり，目先の利益につられたり，慣習にならったり，合理性にとらわれない個性的なプレイヤーも多く存在します。利得も多様で，金銭だけでなく，信頼関係や政治的取引，心理的快楽や苦痛まで，定量化できないものも多くあります。そんな中で，最適な戦略など見出せない方が多いのが現実かもしれません。しかし，ゲーム理論は，複雑な現実のやりとりにおける要素や相互依存の状況を整理することができます。そして，第 9 章で述べたように，個性的なプレイヤーの合理性のパターンを設定したり，相手が変化，学習することを想定したり，心理学のアイディアを導入する研究が進められています。ゲーム理論はいまも発展している途中なのです。

参考文献（著者五十音順）

逢沢明『ゲーム理論トレーニング』かんき出版，2003
青木昌彦『比較制度分析に向けて』NTT 出版，2001
天谷研一『図解で学ぶゲーム理論入門』日本能率協会，2011
伊藤秀史『ひたすら読むエコノミクス』有斐閣，2012
伊藤元重『入門経済学（第 3 版）』日本評論社，2013
岡田章『ゲーム理論・入門』有斐閣，2008
奥野正寛編著『ミクロ経済学』東京大学出版会，2008
梶井厚志・松井彰彦『ミクロ経済学　戦略的アプローチ』日本評論社，2000
神取道宏『ひとはなぜ協調するのか―くり返しゲーム理論入門―』三菱経済研究所，2015
ロバート・ギボンズ（福岡・須田訳）『経済学のためのゲーム理論入門』創文社，1995
坂井豊貴『マーケットデザイン入門―オークションとマッチングの経済学―』ミネルヴァ書房，2010
鈴木豊監修『ズバリ図解　ゲーム理論』ぶんか社文庫，2008
鈴木豊編『ガバナンスの比較セクター分析：ゲーム理論・契約理論を用いた学際的アプローチ』法政大学出版局，2010
中山幹夫・武藤滋夫・船木由喜彦編『ゲーム理論で解く』有斐閣，2000
オリバー・ハート（鳥居訳）『企業 契約 金融構造』慶應義塾大学出版会，2010
ティモシー・ハバード＋ハリー・パーシュ（安田監訳，山形訳）『入門オークション：市場をデザインする経済学』NTT 出版，2017
ジョン・マクミラン（伊藤・林田訳）『経営戦略のゲーム理論』有斐閣，1995
ポール・ミルグロム＋ジョン・ロバーツ（奥野・伊藤・今井・西村・八木訳）『組織の経済学』NTT 出版，1997
武藤滋夫『ゲーム理論入門』日本経済新聞社，2001
横尾真『オークション理論の基礎』東京電機大学出版局，2006
エドワード・ラジアー（樋口・清家訳）『人事と組織の経済学』日本経済新聞出版社，1998
渡辺隆裕『ゼミナール　ゲーム理論入門』日本経済新聞出版社，2008

索　引

サ　行

タ　行

ナ　行

ハ　行

マ　行

ヤ　行

ラ　行

ワ　行

著者略歴
1995 年 3 月　東京大学大学院経済学研究科理論経済学専攻第 2 種博士課程単位取得満期退学
1999 年 2 月　東京大学より経済学博士号取得
法政大学経済学部特別研究助手，法政大学経済学部助教授，スタンフォード大学経済学部客員研究員，ハーバード大学経済学部客員研究員を経て，現在　法政大学経済学部教授
専門領域　契約理論。理論的産業組織論。企業の理論。ゲーム理論の応用。
著書 「日本企業のコーポレート・ガバナンス」をゲーム理論で解く—企業間取引関係と内部組織改革（中山・武藤・船木編『ゲーム理論で解く』第 2 章，有斐閣，2000 年），『ズバリ図解 ゲーム理論』（監修，ぶんか社文庫，2008 年），『ガバナンスの比較セクター分析：ゲーム理論・契約理論を用いた学際的アプローチ』（編，法政大学出版局，2010 年），『中国経済の制度分析：契約理論・ゲーム理論アプローチ』（日本評論社，2020 年，第 28 回森嘉兵衛賞 A 賞受賞）ほか。

完全理解　ゲーム理論・契約理論　第 2 版

2016年 9 月15日　第 1 版第 1 刷発行
2021年 8 月20日　第 2 版第 1 刷発行

著 者　鈴《すず》　木《き》　豊《ゆたか》

発行者　井　村　寿　人

発行所　株式会社　勁《けい》　草《そう》　書　房

112-0005 東京都文京区水道2-1-1　振替　00150-2-175253
（編集）電話 03-3815-5277／FAX 03-3814-6968
（営業）電話 03-3814-6861／FAX 03-3814-6854
本文組版 プログレス・平文社・中永製本

ISBN978-4-326-50486-2　　Printed in Japan